新时代高校大学生社团建设的理论研究与管理探索

孟祥宾 著

九州出版社
JIUZHOUPRESS

图书在版编目（CIP）数据

新时代高校大学生社团建设的理论研究与管理探索 / 孟祥宾著. — 北京：九州出版社，2022.6
ISBN 978-7-5225-0977-8

Ⅰ. ①新… Ⅱ. ①孟… Ⅲ. ①大学生－社会团体－研究－中国 Ⅳ. ①G645.57

中国版本图书馆CIP数据核字(2022)第097414号

新时代高校大学生社团建设的理论研究与管理探索

作　　者	孟祥宾
责任编辑	王海燕
出版发行	九州出版社
地　　址	北京市西城区阜外大街甲 35 号（100037）
发行电话	（010）68992190/3/5/6
网　　址	www.jiuzhoupress.com
印　　刷	涿州军迪印刷有限公司
开　　本	710 毫米 ×1000 毫米　16 开
印　　张	14.5
字　　数	230 千
版　　次	2022 年 6 月第 1 版
印　　次	2022 年 6 月第 1 次印刷
书　　号	ISBN 978-7-5225-0977-8
定　　价	68.00 元

前　言

随着教育国际化的不断发展和高等教育改革的持续深入，大学生社团已成为高校校园文化建设的重要载体和主要表现形式，更是高校引领青年、服务青年、凝聚青年的“第二课堂”主阵地，其建设水平和质量既影响大学生自身综合素养的提升，又关系到担当民族复兴大任的时代新人的培养。党的十八大以来，党和国家高度重视青年发展事业和大学生社团建设，制定并出台多项推动青年发展和高校社团建设的政策措施。2014年1月，团中央制定出台的《中华全国学生联合会关于加强和改进高校学生会研究生会建设的指导意见》明确提出：“要明确团学工作格局，突出团组织的核心地位”，“充分发挥学生社团作为活跃校园文化骨干力量的积极作用”。2017年4月，中共中央、国务院印发实施《中长期青年发展规划（2016—2025年）》，进一步明确中国特色社会主义青年运动方向，为广大青年指明了正确成长道路，创造了良好成长环境。2018年9月，习近平总书记在全国教育大会上指出：“要在增强综合素质上下功夫，教育引导学生培养综合能力，培养创新思维。”2019年3月，习近平总书记在学校思想政治理论课教师座谈会上指出：“青少年阶段是人生的‘拔节孕穗期’，最需要精心引导和栽培。”2019年5月，习近平总书记在纪念五四运动100周年大会上，对新时代中国青年提出了要树立远大理想、要热爱伟大祖国、要担负时代责任、要勇于砥砺奋斗、要练就过硬本领、要锤炼品德修为的六点要求。这些都为新时代大学生社团建设与发展提出了更高、更新的要求。

本书正是基于上述新形势、新背景，根据《中共中央、国务院关于进一步加强和改进大学生思想政治教育的意见》（中发〔2004〕16号）、《共青团中央、教育部关于加强和改进大学生社团工作的意见》（中青联发〔2005〕5号）、《关于加强和改进新形势下高校共青团思想政治工作的意见》（中青联发〔2017〕10号）、《关于在高校实施共青团“第二课堂成绩单”制度的意见》

（中青联发〔2018〕5号）、《高校学生社团建设管理办法》（教党〔2020〕13号）和《沈阳师范大学学生社团建设管理办法》（沈师大委〔2020〕71号）等精神和要求，并经多年探索实践创作完成的。

本书共分为新时代大学生社团概述、大学生社团的发展、大学生社团的时代特征、大学生社团建设的必要性、大学生社团建设的原则与要求、大学生社团规范化建设路径、大学生社团活动的设计与实施以及社团活动典型案例等八章二十八节内容。系统梳理了国内外有关大学生社团建设的研究，并立足文化主位的视角，走进大学生社团内部，对大学生社团的内涵、发展历程、时代特征进行深入的理论研究；同时，本书试图从宏观和微观、理论和实践等视角尽可能呈现出新时代高校大学生社团建设的发展趋势，对大学生社团建设的重要性以及原则与要求、社团规范化建设路径、社团活动的设计与实施进行尝试性实践探索，并通过列举大学生社团活动现实案例，充分展示沈阳师范大学生命科学学院大学生社团的建设成果，集中展现沈阳师范大学优秀学子的社会责任意识和志愿服务精神。

目前，围绕高校大学生社团建设的理论研究与实践探索仍需持续推进和加强，其建设成果和实践经验仍需不断丰富和积累。因此，读者在阅读过程中，能够得到启发，对高校大学生社团的丰富内涵和发展历程有更加清晰的认识，并形成科学正确的建设思路和管理理念，最终为新时代高校大学生社团高质量发展提供有效的理论支撑和实践参考，是编写此书的最大期望。

本书在编写过程中，参阅了大量相关文献资料，也从中吸收了很多好的观点，在本书出版之际，向原作者表示最衷心的感谢！向给予大力支持和帮助的沈阳师范大学生命科学学院的领导、老师和同学表示最衷心的感谢！

由于作者水平有限，此书可能存在错误或不妥之处，敬请读者谅解并批评指正。

作　者

2022年6月

目　录

第一章　新时代大学生社团概述

社会团体简称社团。大学生社团是在其之后产生的，是社团的一种特殊分支，主要是大学生以自身的兴趣爱好、专业特长、学术定位、发展诉求等为共同目标而自发建立起来的，是具有明确发展目标和行为规范且不受年龄、专业、学科等因素限制，相对独立地开展活动的非正式群体。随着高等教育改革不断深化、办学规模不断扩大，大学生社团发展迅速，已成为高校校园文化建设不可忽视的重要载体，需要引起重视并加强管理。

第一节　新时代大学生社团的内涵

学生社团是社团的一种。《中国大百科全书》教育卷中给出的学生社团定义是："中国中等学校、高等学校在自愿的基础上结成的群众组织。这些社团可以打破年级、系科以及学校的界限。团结兴趣爱好相近的同学，发挥他们在某些方面的特长，开展有益于学生身心健康的活动。”[①]而1999年版《辞海》适应当时社团发展的现实和需要，比较明确地提出了学生社团管理体制的概念，即学生社团是中国高等和中等学校的学生自愿组成的群众组织，形式多样，有学术研究会及诗画社、棋艺社、摄影社、美工社、合唱团、剧团、球队等。以有益于学生身心健康成长为原则，多数由共青团和学生会给予适当的指导和支持。[②]2005年中共中央宣传部宣传教育局印发的《中共中央国务院关于进一步加强和改进大学生思想政治教育的意见》（学习辅导读本）中明确提出：“高校学生社团是由大学生依据兴趣爱好自愿组成，为实现成员共同意愿按照章程自主开展活动的学生组织。”另外，2016年团中央、教育部、全国学联联合印发的《高等学校大学生社团管理暂行办法》指出：“高等学校大学生社团是由高校学生依据兴趣爱好自愿组成，为实现成员共同意愿，按照其章程自主开展活动的群众性学生组织。”[③]这是我国官方对大学生社团做出的最新、最权威、最全面的释义和解读，为我国高校社团工作的开展提供了重要理论指导。

综合以上主要观点，在比较分析的基础上，本书将大学生社团定义为：大学生社团是以自发组织、自愿参加为主要形式，以共同兴趣、爱好和理想目标为基础，在各级团组织和学生会的指导下、在全体成员的集体协商下、在法律允许的范围内、在学校校规校纪的规范下积极、有序开展校园实践和社会实践的群众性团体。

党的十八大以来，以习近平同志为核心的党中央提出一系列有关教育发展的新思想、新思路，对高等教育做出一系列重大决策部署，科学回答了中国特色高等教育走什么道路以及培养什么人、怎样培养人、为谁培养人等根本问题，把对高等教育发展规律的认识提升到新高度。党的十八大报告和党的十九大报告中相继提出“推动高等教育内涵式发展”“实现高等教育内涵式发展”。2018年5

---

① 中国大百科全书编委．中国大百科全书（教育卷）[M]．北京：中国大百科全书出版社，1985：439.

② 中共中央宣传部宣传教育局．《中共中央国务院关于进一步加强和改进大学生思想政治教育的意见》学习辅导读本[M]．北京：中国人民大学出版社，2005：183.

③ 《高等学校大学生社团管理暂行办法》出台[N]．中国青年报，2016-1-13(01版).

月，习近平总书记在北京大学考察时再次深刻指出："当前我国高等教育办学规模和年毕业人数已居世界首位，但规模扩张并不意味着质量和效益增长，走内涵式发展道路是我国高等教育发展的必由之路。"高等教育内涵式发展是以习近平同志为核心的党中央站在战略全局高度提出的一个重大课题，是中国特色社会主义进入新时代，社会主要矛盾转变对高等教育提出的必然要求，也是中国高等教育实现全面、协调、可持续发展的内在需要。作为高校校园文化建设的生力军和推动大学生全面发展的重要载体，大学生社团在实现自我教育、自我管理，发挥"第二课堂"辅助性功能，促进实践育人效果方面持续发挥着日益重要的作用。面对新时期我国高等教育转型发展给社团发展和建设带来的前所未有的机遇和挑战，高校有必要厘清机遇与挑战的辩证关系，把握好二者之间的尺度，抓住机遇，趁势而为，坚持走适应高等教育发展需求的内涵发展之路。

一、转型发展是社团内涵建设的内在驱动力

当前，我国已进入中国特色社会主义新时代，随着社会的主要矛盾转化为人民日益增长的美好生活需要和不平衡不充分的发展之间的矛盾，我国的高等教育发展的主要矛盾也随之转变，由总量性矛盾发展变化为结构性矛盾，由关注数量到更加关注结构质量，由关注人民群众有学上到更加关注优质高等教育资源和个性化、多样化的需求，由关注人才培养数量转向更加关注人才培养的结构质量，这必然促进高校进一步找准办学定位、持续深化人才培养模式改革。社团作为高校人才培养体系中的特殊分支，在活跃"第二课堂"、提升学生综合素养、拓宽学生视野、激发创新意识、培养实践能力等方面具有积极的促进作用。共同的目标指向，将促进大学生社团必须按照科学发展、核心发展的时代新要求引领内涵建设，主动适应高校转型发展需要，主动聚焦高校人才培养这一核心要素。

从自身定位看，大学生社团是新时代高校共青团"枢纽型"组织体系中的重要维度，也成为高校共青团转型发展的新模式、新路径。2000年胡春华同志在全国学校共青团工作会议上指出：结合当前高校改革和团的建设的实际，我们的基本工作思路是，一手抓巩固，一手抓创新，构建以共青团组织为主体，以学生会组织、学生社团为"两翼"的"一体两翼"大团建工作格局。2014年，团中央制

定出台的《中华全国学生联合会关于加强和改进高校学生会研究生会建设的指导意见》明确提出："要明确团学工作格局，突出团组织的核心地位"，"充分发挥学生社团作为活跃校园文化骨干力量的积极作用"。[①]2017年4月，中共中央、国务院印发实施《中长期青年发展规划（2016—2025年）》，进一步明确中国特色社会主义青年运动方向，为广大青年指明了正确成长道路，创造了良好的成长环境。习近平总书记在2018年9月全国教育大会上强调"坚持中国特色社会主义教育发展道路，培养德智体美劳全面发展的社会主义建设者和接班人"[②]，并在2019年3月学校思想政治理论课教师座谈会上指出："挖掘其他课程和教学方式中蕴含的思想政治教育资源，实现全员全程全方位育人。"[③]一系列精神和要求的出台，充分体现了党和国家对共青团组织和学生社团发展的重视和期望，也就决定了新时代大学生社团的发展要积极适应高等教育改革进程，紧紧围绕学校中心工作，服务于学校整体建设和发展，共同维系好共青团组织的大团建格局。同时，大学生社团要进一步加强自身内涵建设，深度挖掘自身的思想政治教育元素，充分发挥自身的思想引领作用，积极奉献，主动作为，强力构建以思想引领、实践育人、维权服务为核心目标的"第二课堂"主阵地。

从建设原则看，新时代大学生社团建设和发展，应坚持把握方向、确保质量、强化特色、注重实效的理念。近年来，随着高等教育改革不断深化和高校转型发展持续深入，社团的发展也走上了快车道，数量上已达到了一定的规模，社团逐渐呈现出类型层次化、功能全面化、发展多样化的特点，逐渐呈现出社团地位日益凸显、网络社团发展势头高涨等新趋势。同时，社团活动的区域也由最原始的校园逐渐走向社会，社团活动的组织也由最初的线下组织逐渐转变为"线下+线上"相结合，社团活动的性质也由最初的人文型逐渐转变为科技型，社团活动的类别也由最初的单一型逐渐转变为多元型，社团活动的引导也由最初的政治引导逐渐转变为职业指导。但由于社团的"膨胀式"发展，导致社团的管理、指导和资源配置等方面无法跟上发展节奏，社团重活动轻管理、重形式轻内容、重

---

① 马可心．大学生社团建设理论与实践研究［M］．北京：经济管理出版社，2018：2.

② 习近平．在全国教育大会上的讲话［N］．人民日报，2018-9-11（01版）.

③ 习近平．在学校思想政治理论课教师座谈会上的讲话［N］．人民日报，2019-3-19（01版）.

结果轻过程的问题逐渐显现，社团活动质量不高、社团发展特色不强、社团建设品位不高、社团作用发挥不佳的弊端逐渐显露。长此以往，势必导致大学生社团建设的出发点和落脚点背离建设初衷，其应有的影响和作用也会逐渐削弱。例如，有的社团在活动开展的过程中，只注重追求活动的表现形式和宣传效果，却忽略了活动本身是否符合学生发展、是否提升育人效果这一重要因素；有的社团开展活动只是为了完成或应付上级组织分配的任务，成员参与活动的目的只是为了追求综合测评的加分，导致社团活动层次不高、形式简单、参与性不强，甚至出现很多活动雷同的现象，活动的效果可想而知。当下，高等教育的深化改革对高校转型发展和复合型、应用型人才培养提出了更高更新的目标和要求，学分制的全面普及逐渐淡化了传统的班级建制，“第二课堂成绩单”制度的实施，提高了大学生社团组织、策划、实施以及实践育人效果的要求，强化了社团对“第一课堂”和“第二课堂”的纽带作用，拓展了社团的作用和功能，提升了社团的影响力和号召力。当然，社团的持续健康发展仍须从内涵建设做起，从内在层面打造品牌文化、强调特色发展、增强联动效应、提升实际效果。

从主体发展看，促进学生发展依然是社团建设的主体目标和思路。随着经济全球化、高等教育国际化、人才竞争全球化的不断深入，我国的高等教育教学改革持续深入，高等教育大众化进程持续推进，高校更加注重突出办学优势和人才培养特色。社会对人才的多样化需求迫切需要大学生社团在培养学生兴趣、拓宽学生视野、积累实践经验、提升育人效果等方面发挥出积极主动作用。人才需求多样化必然促进高校人才培养模式的多元化改革，学生主体的个性化需求迫切需要高校尽快转型并科学构建多维化、多元化、多层化的人才培养体系。新时代大学生社团本身具有自主性与自发性、群众性、开放性、灵活性、松散性特质，通过组织开展以专业提升、实践锻炼、志愿服务、素质拓展等内容为主题的模块化活动，在一定程度上能够提升学生的专业认同感，丰富学生的实践经验，激发学生的奉献意识，增强学生的综合素养。但是，就目前各高校大学生社团的发展现状看，社团的发展状态良莠不一，社团的建设成果也是参差不齐，还存在一些阻碍或影响社团良性发展的地方。例如，有的社团以点带面、点面结合做得还不到位，辐射效应尚未充分体现出来；有的社团组织开展的活动同质化现象较重，社团活动虽然呈现多样性，但内容更多还是以文娱性活动为主，拓展性、启发性、创新性活动较少，个性特点和品牌特色不突出，吸引力和影响力不强，很难满足广大学生的多样化需求。随着高校转型发展的不断推进，多方位、立体化人才培养体系构建显得越来越重要和迫切，这就需要大学生社团也要及时更新意识、创新思路，牢固树立科学发展、健康发展、可持续发展的建设理念，不断丰富教育手段，创新引领路径，精准契合新时代高校人才培养目标和新时代大学生成长成才需求，挖掘并融入更多的社会元素和实践元素，以便更好地适应学生，贴近学生，感化学生，引领学生。

二、多元发展是社团内涵建设的重要形式

随着经济全球化和教育国际化进程的持续推进，高校转型发展和人才培养模式多样化需求更加迫切。作为高校人才培养体系中的重要维度，大学生社团需要在中国特色社会主义新时代这个特殊背景下进一步更新观念、转变思想，充分发挥社团在组织青年、凝聚青年、服务青年、引领青年、教育青年等方面的积极作用，更要抓住高校转型发展和深化人才培养模式改革的有利契机，科学规划、顶层设计，不断激发大学生社团的活力和创造力，持续增强大学生社团的凝聚力和战斗力。

（一）社团制度规范化

强化大学生社团建设离不开规范的高校社团管理制度。社团制度是社团科学开展工作的根本保障，是社团规范运行的方向保证，是社团完善内部管理的依据参考。因此，大学生社团要坚定不移地始终坚持党的全面领导，积极主动将党的教育方针政策贯彻好、落实好，紧扣立德树人这一根本任务，全力聚焦人才培养这一主线，实现科学、规范、有序、高效发展。首先，要建章立制。高校要以新时代背景下社会发展特点为依据，以转型发展定位下人才培养目标为核心，结合自身校史校情实际，在认真、充分调研基础上，建立、完善适宜本校大学生社团发展的《章程》或《管理条例》，对大学生社团成立条件（包括宗旨、性质和程序等）、管理制度、经费使用、激励奖惩、社团发展、活动组织等主要行为予以明确规范。同时，要根据不同社团的发展特点和属性，有针对性地制定或完善适合社团建设和发展的运行机制。其次要规范运行。大学生社团要通过社团负

责人会议、全体会员会议等方式，进一步加强社团对规章制度执行方面的检查和监督，对社团成员的思想与行为进行规范、引导，充分发挥大学生社团对把控大学生思想动态、引导正确的发展方向、强化大学生行为管理以及丰富校园文化等方面的积极辅助作用，从而促进大学生社团规范、有序运行，保证大学生社团科学、健康、稳定发展。最后要严格管理。各级党团组织要切实加强对高校社团工作的领导，高校党委要把加强和改进大学生社团工作作为高校坚持党的全面领导、贯彻党的教育方针政策的重要组成部分，纳入学校整体工作计划。同时，高校共青团组织和社团联合会等职能部门或组织，要积极主动承担起对大学生社团的协调指导、日常管理工作，切实发挥好统筹规划、检查监督等职责，严把大学生社团发展方向，严格社团内部管理，持续推动大学生社团常态化发展。

（二）社团活动项目化

21世纪以来，随着高等教育大众化进程的持续推进，高校招生规模不断扩大，大学生社团的发展速度也随之加快，无论是社团数量、参与人数、类型和功能还是活动主题、内容都在一定程度上得到了扩充和增加。但从社团整体发展上看，社团规模的扩大、数量的增加并没有与质量提高呈现正比态势发展。究其原因，根本症结在于社团自身具有的自发性、自主性、自愿性等天然属性决定了活动组织缺乏严谨性、目标性，直接导致社团内涵建设效果不佳、活动质量不高，亟待进一步完善和加强。因此，对社团活动实施项目化管理，提升社团品位，打造社团品牌显得尤为重要。学生社团活动项目化管理是一种主体式的思想政治教育模式，重点强调发挥学生的主观能动性和学生根据自身的兴趣点或素质短板自主设计、策划活动。社团活动项目化运作有利于高校进一步规范社团内部管理，有利于激发学生参与社团活动的积极性和兴趣点，有利于优化资源配置，有利于提升社团活动质量，有利于提升校园文化品位，有利于高校丰富思想政治教育育人方法。同时，大学生社团活动项目化运作，将更好地发挥出学生社团在素质拓展中的积极作用，更大地促进社团这一“第二课堂”与“第一课堂”的深度融合。这就需要高校共青团组织紧扣学校人才培养目标，在认真调研和广泛征求学生意见的基础上，科学规划项目主题内容、申报资格、论证条件、立项标准、实施过程、成员管理、过程考核以及结果验收等步骤，加强社团活动的针对性指导，提高社团活动规范化运行程度，深化活动项目新内涵，打造活动项目新特色，从而形成一套系统的、完整的项目管理平台，以更好地服务学校整体工作，更好地服务优秀青年团干部成长，更好地服务青年学生成才。

（三）社团建设品牌化

社团建设品牌化是指社团要同时具备社团属性、利益、价值、文化、个性和参与者六大要素，并具有特定标识、成熟理念、特色活动和丰富内涵。将社团建设品牌化，可有效提升社团在校内外的影响力和美誉度，吸引更多的学生积极参与，充分发挥社团在人才培养中的引领辐射效应，进一步实现社团发展的良性循环。同时，社团建设品牌化有利于激发、调动大学生参与社团活动的兴趣点和积极性，增强自我服务和自我教育能力；有利于大学生社团做大、做强、做优，增强社团的凝聚力和战斗力，让社团发展始终保持旺盛的生命力；有利于校园文化建设，突出社团在校风学风和时代潮流中的引领作用，进一步激发校园文化活力，保持校园文化生机；有利于大学生思想政治教育工作的开展，充分发挥大学生社团在大学生思想政治教育工作中灵活、主动、有趣的特点，保证学生方向不跑偏、思想不滑坡。打造社团品牌工程，首先要坚持以学生为中心来确立建设思路和程序，要树立品牌理念，打造独具特色的社团风格，这是大学生社团存在和发展的根本和基础，拥有了独特风格，社团才有了建设品牌的可能和条件；其次，社团要打造精品活动，增强品牌硬实力。活动是社团理念输出的最佳载体，是提高自身影响力最有效、最直接的方式。社团要结合自身定位，找到契合自身特色和内涵的主题开展活动，不能盲目跟风，更不能随意复制；最后，学校共青团组织和社团联合会要通过项目化运作，逐步建立具有较强示范性、引导性和辐射性的主题项目，并实施分类指导，突出特色化、多元化，深挖特色内涵，提升品牌感召力。长此以往，经过长期的积淀、积累，社团的文化理念逐渐成熟，内涵逐渐深厚，特色逐渐凸显，最终形成独树一帜的品牌文化。

（四）社团参与全员化

学生是社团的基本元素，也是社团活动组织与实施的参与主体，更是推动社团发展、传播社团文化、丰富校园文化的活跃因子和主力军。社团的建设与发展、品牌效应的形成与保持、内涵的深化与提升，均离不开学生参与。相反，学生的实践能力锻炼、社会经验增长和个性的彰显也离不开社团活动这个载体和平台。可以说，学生参与是社团发展的不竭动力，社团建设是学生全面发展的重要支撑，二者互相支持，互相促进。随着高校转型发展的深入推进和高校社团“膨胀式”快速发展，大学生社团在繁荣校园文化、凝聚青年学生、丰富“第二课堂”育人载体、满足学生个性化需求、提升大学生综合素质等方面发挥着越来越重要的职能和作用，吸引着更多的学生积极参与。因此，大学生社团应明晰发展定位，坚持服务学生发展、引领学生进步原则，针对社团属性和成员特点，立足全体成员，面向全体成员，组织全体成员，服务全体成员。高校共青团组织和社团联合会要搭建好学生社团这一平台，引领、指导社团紧紧围绕学生发展这一中心，适时引入新时代发展元素，不断融进时代主题特色和社会发展需要，抓住广大学生的关注点、兴趣点，多角度、全方位地开展形式新颖、内容与时俱进、主题富有时代感的具有传承和创新思维的活动，持续增加社团活动的吸引力、号召力，努力提升学生参与活动的积极性和覆盖面，力争让更多的学生在活动中成长、受益。

（五）社团功能社会化

大学生社团是新时代高校校园文化建设中的重要载体，深受广大学生喜爱。大学生社团作为高校大学生培育和践行社会主义核心价值观、帮助学生形成良好社会认知、树立正确“三观”理念的特殊组织群体，承担着非常重要的社会化功能。发挥好社团的社会化功能，将有利于促进大学生道德社会化，让每个学生在参与社团活动的过程中，自觉提升道德认知，实现自我价值，增强公众参与意识；将有利于促进大学生政治社会化，可以进一步丰富大学生思想政治教育渠道，坚定大学生理想信念，帮助大学生树立正确的人生观、世界观、价值观；将有利于促进大学生个性社会化，提升大学生自主交流能力，帮助大学生形成自尊、自立的完善人格，大学生的主体能力也能够得到更加充分的释放和增强；将有利于促进大学生角色社会化，使大学生在参与社团活动过程中可以体验不同的角色情感，积累角色扮演和正确处理角色冲突的经验，拓宽对社会角色认知度的深度和广度，更加准确认知自己的社会角色期望。新时代背景下，要有效实现大学生社团功能社会化，高校要进一步重视和加强大学生社团的引导和管理，积极引导社团坚持正确的价值取向，建立健全社团内部管理机制，多元化发展社团。同时，大学生社团自身也要坚持“走出去、引进来”的工作思路，积极寻求社会资助，广泛借助社会资源和力量，进一步增强社团的社会实践功能，在发挥好“第二课堂”积极作用的同时，更大限度地为大学生创造个性、提高社会适应能力以及促进社会角色的形成提供更广阔的平台和机会。

三、协同发展是社团内涵建设的根本保障

大学生社团是高校“第二课堂”的重要组成部分，是高校校园文化建设的重要载体，也是高校人才培养体系中的重要分支。因此，高校要进一步重视和加强大学生社团的建设和发展，充分调动教学、师资、社会等各方面力量，坚持协调各方、共促共建的发展策略，实现大学生社团建设的结构协同、资源协同、队伍协同，从体制机制上给予根本保障。

结构协同。新时代大学生社团结构的建立要积极适应高校转型发展需要，要契合高校人才培养目标，不断完善社团内部架构，不断丰富社团发展类型；要在全面梳理、明晰社团结构的基础上，做到科学分析、统筹谋划、协同推进、点面结合、规范运行；要不断优化社团内部结构，做到社团类型多元化与社会对人才需求多样化相统一，社团功能与高校人才培养模式改革相结合，社团发展方向与高校转型发展方向相一致，保证从各方面满足大学生发展诉求；要始终坚持“全面依靠学生、全面服务学生”的建设原则，在认真调研、广泛征求意见的基础上，科学规划社团类型，合理调控社团规模，持续丰富社团内涵，全面促进社团结构不断优化、不断升级，持续深化社团内涵建设，持续积累社团底蕴，持续固化社团特色成果，持续增强社团吸引力，持续彰显社团成员个性，为社团健康发展提供助力和支撑。

队伍协同。新时代大学生社团内涵发展必然离不开一支思想觉悟高、综合素质好、服务意识强的骨干队伍，更离不开广大学生的积极配合与参与。社团干部不同于普通学生，主要承担社团整体的管理和运营，在学生社团中起到纽带、桥梁的作用，对社团健康、良性地发展，对社团活动的有效实施和教育目标的最终实现起着积极的推动作用。因此，学校共青团组织要将社团骨干培养纳入整体学生干部培养体系中，努力培养符合社团内涵发展需要，能带领社团创品牌、办特色，能在社团建设中起到积极作用的有组织能力、创新能力、团结能力的社团骨干分子。首先要建立健全社团管理和考核制度。高校要结合工作实际，组建专门部门（一般为社团联合会）对社团的成立、纳新、组织、宣传、总结、备案等环节进行监督。同时要加强社团的交流与汇报，科学建立社团干部考核制度，做到

奖惩分明，确保社团工作规范运行；其次要加强社团干部选拔。高校要在符合思想觉悟高、责任心强、服务意识好等基本条件的基础上，将社交能力、团队合作能力、组织协调能力、学习成绩、专业属性、工作经验等指标作为遴选的参考条件，做到素质、能力一起抓；最后要注重社团骨干培训。高校共青团组织或社团联合会要定期组织开展以能力提升、情绪管理、创新意识培养等为主题的社团骨干教育培训，通过培训指导，全面提高社团骨干成员的综合能力素质，切实增强社团的凝聚力和战斗力，持续激发社团组织的活力和创造力，以良性机制助推社团内涵全面提升。

资源协同。新时代大学生社团的建设和发展离不开学校的支持与指导。目前高校大学生社团类型多元、活动丰富、规模庞大。但在发展过程中高校的相应发展资源却并未增长或增长缓慢，导致对社团的支持力度远远不及社团的扩充速度，资源的缺乏限制了社团的进一步发展。因此，社团要实现健康、良好、可持续发展，必须有足够的资源支持，高校必须积极支持社团建设，关注社团发展，在人力、物力、财力等方面给予支持。在人力支持方面，指导教师是社团的必需资源。指导教师拥有丰富的社会经验和工作经验，思想水平和较高专业素养，对社团的规章制度、精神理念、文化底蕴的确立和形成都有很大的指导意义。基于此，高校要进一步加强对社团指导教师的管理，建立健全指导教师聘任机制、培训机制、考核机制和激励机制，打造一支有水平、肯付出、乐于奉献的专业化指导教师队伍，最大限度地激发、鼓励指导教师的责任感和使命感，以确保社团功能得以充分发挥，社团品位和层次进一步提升；在资金支持方面，资金不足或经费使用不规范是很多大学生社团存在的主要问题，也是其发展的主要障碍之一。高校应加大对社团建设的必要资金投入，做好物资保障。同时，高校相关部门或组织要制定严格的经费管理和分配制度，进一步加强、规范社团经费的使用，做到“好钢”用到“刀刃”上。另外，学校一方面要引导大学生社团根据自身的资源短缺情况，加强社团间内部联系和交流，实现资源互补、资源共享；另一方面要鼓励、支持社团发挥自身的活动影响力和品牌效应，积极走出去，规范寻求社会资源的支持，包括资金、场地、人员等，以缓解资源短缺问题，保证大学生社团稳定、健康、协调、可持续发展。

第二节　新时代大学生社团的类型

大学生社团是高校校园文化建设的重要载体，也是高校“第二课堂”的有效延伸。随着高等教育改革不断深化，高校转型发展不断深入，大学生的发展诉求也呈现多样化，其发展趋势与大学生社团的自发性、自愿性、目标趋同性、志愿性以及非正式性的特征相契合，大学生社团的数量和质量也就随之有了长足的发展和进步，社团的类型也由单一类型向纷繁多样转变。就大学生社团类型看，分类标准和分类方法不同，社团的类别也有所不同。如按照会员人数划分，30人以下的社团可称为小型社团，30—100人的社团可称为中型社团，100以上的社团可称为大型社团；如按照组织属性划分，可将社团划分为政治类、文化类和经济类等社团协会；如按活动内容划分，可将社团划分为论坛类、学习类、文体类、志愿类、公益类、技能类、创业求职类等社团协会；如按专业划分，可将社团划分为外语类、计算机类、法学类、管理学类以及其他具有较高专业背景的社团协会；如按兴趣取向划分，可将社团划分为学术研究型、文体娱乐型、社会服务型等社团协会。其中，按照活动内容划分社团类型是国内学者较为常用的分类标准。究竟何种分类方法最为科学，何种分类标准最为合理，没有统一的明确的结论。本书主要以活动内容、管理模式和社团性质为主要标准对新时代高校大学生社团进行分类。

一、按照活动内容分类

新时代高校大学生活动参与主要以大学生社团为主要载体，并依据相应的《社团章程》，在学校共青团组织和社团联合会的指导下，有组织、有纪律地进行。就活动内容分类来说，国内学者对高校大学生社团活动内容的分类主要是围绕理论研究、文体活动、社会服务等方面实施的。以此角度，本书将新时代高校大学生社团划分为六类，即理论学习类、艺术表演类、运动健康类、科技创新类、技能提升类、社会服务类。

理论学习类社团。理论学习类社团主要侧重于对理论的学习探讨和科学研究，有点类似于学习兴趣小组。此类社团的成员往往都有着共同的理想和价值观念，都有鲜明的政治立场，有明确的政治信仰和追求；社团的主题内容更多是与人文社科类专业密切联系；其根本宗旨是读原著、悟原理，研究中国国情，调查社会热点，掌握理论动态，关注民生发展；社团的内涵属性主要体现在政治性、人文性和科学性；社团的组织形式以研讨、座谈、调研、沙龙、讲辩为主。同时，该类型社团还是大学生思想政治教育的“第二课堂”和“活性载体”，有助于营造浓厚的理论学习氛围，有助于党的先进理论进课堂、进教材、进头脑，有助于提升大学生对习近平新时代中国特色社会主义思想的认知和理解，有助于澄清青年学生的思想误区，更好地帮助大学生践行社会主义核心价值观，更好地实现习近平总书记对青年学生提出的树理想、爱祖国、担责任、勇奋斗、练本领、修品德的“六点希望”。

艺术表演类社团。新时代青年大学生自身具有十分鲜明的群体特征，如追求多样化的生活方式、渴望更加积极主动的沟通交流、热衷丰富多彩的文化生活、喜爱健康活泼的文娱活动等，因此，艺术表演类社团自然而然受到青年学生的欢迎，参与度很高。该类社团活动形式多样，种类繁多，包括书画、歌唱、舞蹈、摄影、乐器、戏剧、影视、曲艺等诸多类别内容，没有专业、年纪、性别等条件约束和限制。该类社团在校园影响较大，是高校校园文化建设的重要参与力量和有效载体。参加此类社团，将有助于进一步提升大学生的艺术修养，使大学生的艺术才华得以充分展示；有利于进一步塑造大学生的健全人格，使大学生的自信和阳光心态得以充分彰显。另外，该类社团还将校园文化推向社会，推向社区，从而有利于校园文化与社会文化的交融，共促社会和谐。

运动健康类社团。该类社团主要是为了满足大学生的运动兴趣、日常体育锻炼、健身养性等需求并结合全民健身运动而设立的，寓教于乐。由于当代大学生具有较高的健身需求和较为强烈的运动欲望，学生参与的体育运动项目比较多，因此，该类社团的规模较其他社团大。该类社团主要包括球类协会、健身健美类协会、棋牌类协会、竞技类协会等，例如足球协会、篮球协会、排球协会、乒乓球协会、羽毛球协会、健美操协会、舞蹈协会、武术协会、攀岩协会、围棋协会等。此类社团不仅满足学生日常强身、健身、防身、锻炼的需要，而且还可以让学生在运动健身、比赛竞技中深刻体会顽强拼搏、永不放弃的体育精神，对学生的专业学习和深造有着一定的积极促进作用。

科技创新类社团。该类社团与理论学习类社团类似，主要以满足学生对科学知识的研究和对科学精神的追求为出发点，以提升学生科学研究水平和实践探索能力为落脚点而建立起来的，并与专业学习、学术研究紧密结合的带有明显专业实践属性的社团。不同于侧重人文社科方面问题开展学习和研究的理论学习类社团，科技创新类社团更多是着眼于理工类或自然科学领域方面的内容。因此，该类社团要求社团成员要具备足够的科研兴趣，具备较深厚的专业理论基础，具备开拓创新的能力和思维，能够从微观角度就某一问题进行研究和探索。这类社团组织一般分为两种类型：一种是专业学习型社团。这类社团主要是为了更好地巩固和扩充本专业学术领域知识，拓宽自身的专业视野，并紧紧围绕本专业知识开展学术研讨、学术交流和学术咨询等活动的学术性社团组织，如外语协会、旅游协会、文学协会、法律协会、哲学协会、党建协会等；另一种是专业研究型社团。这类社团主要是为了促进不同学科、不同专业的交叉融合与交流，进一步积累学生学科素养、拓宽学生视野而建立的跨学科、跨专业的学术型社团组织。如大学生数学建模协会、计算机应用协会、思维开发协会、大学生科技协会等。科技创新类社团的成员基本都是专业能力强、创新思维强、创造能力强、实践能力强的学生，该类社团一般很容易受到学校和社会的欢迎，在人力、物力、财力等方面得到各方面帮助和支持。可以说，科技创新类社团是有效提升大学生科学素养和专业修养，持续强化大学生实证精神和探究能力，积极培育高校优良学风和高尚学术道德的重要载体。

技能提升类社团。技能提升类社团旨在提升当代大学生的专业技能和实践创新能力，通过有针对性开展业务技能培训，使学生快速掌握能够很好适应现实社会需要的基本方法和核心技能的社团组织。该类社团具有明显的实践性、职业性、技能性、效益性等特征，是高校“第二课堂”的重要支撑。参与此类社团，可以使在校大学生特别是应届毕业生获得或掌握课堂教学中无法实施的技能。如通过大学生就业创业协会组织的创业计划训练、就业技能大赛、面试技巧培训、简历设计大赛等，让大学生最大限度地锻炼创新思维、了解创业政策、掌握就业技能、积累社会经验，为实现更好地就业打好基础、做好准备。技能提升类社团根据性质可分为营利性社团和技能型社团。营利性社团主要以产生利润、赢取效益为目标，如家教协会、家电维修协会、兼职协会等；技能型社团主要以提升大学生实际能力为目标，如讲辩协会、礼仪协会、创业协会等。

社会服务类社团。社会服务类社团又被称为公益服务类社团，该社团组织最大的特征就是非营利性和公益性，即在校大学生以面向社会、服务公众为主旨，时刻秉承奉献精神和服务意识，积极参与社会实践活动，利用自身所学知识和技能奉献社会、服务大众。该类社团组织是我国高校“第二课堂”的重要表现形式，种类繁多，如综合型公益社团组织包括青年志愿者协会、爱心援助协会、社区服务协会等；专门型公益社团组织包括生态环境保护协会、动物保护协会、心理健康协会、支教协会等。另外，该类社团组织的活动形式也是丰富多样的，既可以利用寒暑假等空余时间组织开展支医、支教、支农、社区服务等活动，对社会弱势群体展开帮扶，也可以利用重要时间节点，如世界地球日、世界环境日、世界艾滋病日、世界动物日、儿童节、重阳节等开展地球一小时、关爱空巢老人、关注留守儿童等公益性活动，进一步唤醒整个社会的公益意识。通过有组织开展公益性活动，将有助于提升大学生的道德修养，培育大学生的社会主义核心价值观，增强大学生为国家、为社会、为人民服务的意识，激发大学生的社会责任感和奉献精神。随着社会的不断进步和国民素质的整体提升，专业化和现代化服务将成为今后一段时期内高校社会服务类学生社团和公益性学生组织的总体发展趋势。

二、按照管理模式分类

从管理学角度讲，管理模式是指由管理理念、目标、内容、工具、流程、制度等组成的一整套管理标准和管理体系。高校大学生社团的管理模式，是高校依据一定的规则和指导思想，对大学生社团进行引导、控制和服务，并在管理过程中逐步建立、完善而形成一套成熟、有效的管理理念、策略、思路、方法和原则。就高校大学生社团管理而言，其管理主体是高校具有社团管理权限的职能部门，一般为校团委和院团委。而管理的客体就是社团本身，也称为被管理对象。

在管理学范畴，依据不同的分类标准，高校大学生社团的管理模式也是多种多样的。例如，从管理空间上划分，可分为社团外部管理和内部管理模式；从管理规模上划分，可分为大、中、小型社团管理模式；从管理方式上划分，可分为领导型管理模式、自治型管理模式以及二者相结合的管理模式等。本书主要是依据高校社团管理的组织结构设置情况，将高校大学生社团管理模式分为双层管理型社团和单一管理型社团。

双层管理型社团。该类型社团组织是目前我国高校普遍采用的一种社团管理模式，主要是将高校社团划分为校级社团和院级社团两个层级，分别由学校和学院相关部门对其进行管理和指导（如图1所示）。校级大学生社团的直接管理部门一般为校社团联合会或校学生会，校社团联合会或校学生会受学校团委的指导和管理。以此类推，院级大学生社团的直接管理部门一般为学院社团工作部或学院学生会，学院社团工作部或学院学生会受学院团委的指导和管理。对大学生社团组织实施校院两级管理模式，一方面有利于学校更加有效地整合人、财、物等各方面资源，集中力量管理和指导社团，助其快速发展；另一方面有利于学院充分发挥学科优势和专业特色，依托现有资源，扶持发展具有明显学科专业属性的社团，以满足学生拓宽视野、丰富专业知识的需求。但是，这种双层管理模式对于学院社团来说存在一定的受限性，因为院级社团除接受学院团委和社团管理部门的直接管理和指导外，还要受到学校团委和社团管理部门的管理和指导，这种上下两级的双重管理，在很大程度上阻碍或限制了院级社团的发展空间和发展自由。

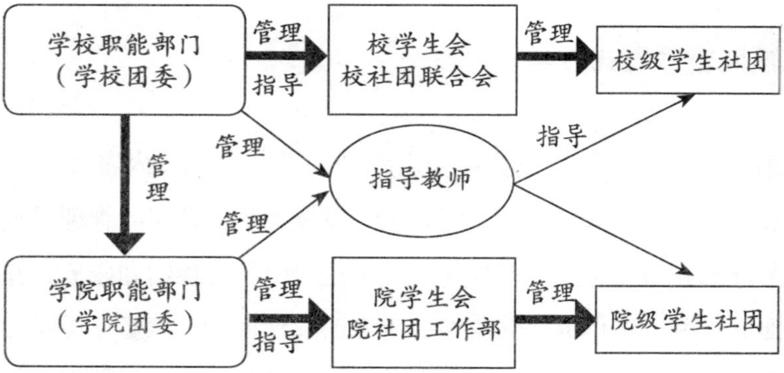

图1 双层管理型社团架构图

单一管理型社团。该类型管理模式下，大学生社团都被简单归为一类，不再分级、分类，也没有校级和院级之分，统一由学校社团联合会或学校学生会管理（如图2所示）。相比双层管理型社团管理模式，单一管理型社团管理模式层次结构相对简单，有利于学校相关指导政策和措施及时到位、有效落实，适合规模较小的普通高校或者大中专院校实施。不足之处在于，由于该类型管理模式坚持统一管理、统一指导，无形中增加了学校相关部门尤其是学校团委和社团联合会的压力和负担，如果不能保证人、财、物等资源充足，就容易导致管理上出现漏洞，影响管理实效。同时，也将在一定程度上影响和制约大学生社团发展的规模和数量。因此，目前该类型管理模式采用较少。

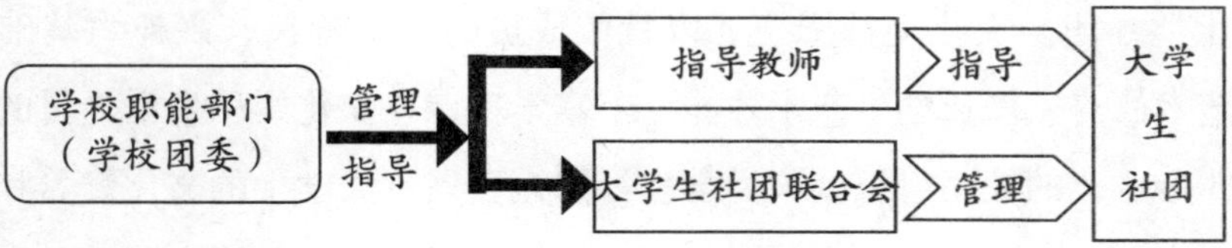

图2　单一管理型社团架构图

三、按照社团性质分类

新时代大学生社团符合社团组织的一般性特征，是社团的一种特殊分支。如果按照社团属性进行分类，本书将高校大学生社团大致分为政治类、文化类、经济类、志愿公益类等社团。每一类社团都具有自身的特色和属性，都在高校校园文化建设和大学生课外文化生活中发挥着积极的促进作用，成为提升大学生综合素质，推动大学生自我教育、自我完善的重要载体和平台。

政治类社团。政治类社团又被称为“红色社团”，是理论学习类社团的分支，主要侧重于政治理论学习与实践活动的组织实施。该类社团除了具有大学生社团的共同特征外，还具有明确的政治性、鲜明的时代性、科学的实践性和严格的规范性等特征。明确的政治性表现为大学生政治类社团始终与党的主流意识形态保持一致，始终与党中央的决策部署保持一致，始终与正确的社会主义发展方向保持一致；鲜明的时代性表现为大学生政治类社团时刻保持与时俱进的时代特色，社团成员富有活跃思维和创新思想，活动形式注重政治理论学习与社会实践活动相结合；科学的实践性表现为大学生政治类社团活动时刻立足实践，并与大学生现实生活密切结合，与时事动向、社会热点和焦点问题密切联系，突出调查和研讨；严格的规范性表现为大学生政治类社团体制机制完备，纪律意识较高，运行秩序良好，程序正式规范。现阶段，大学生政治类社团是高校思想政治理论课重要的“第二课堂”，对高校思想政治教育工作起着重要的辅助性作用，有助于大学生养成良好的行为习惯和思维方式，有助于大学生筑牢政治思想根基，有助于大学生增强家国情怀，有助于大学生强化责任意识和担当精神。目前高校大学生政治类社团一般包括马列主义理论研究会、毛泽东思想研究会、邓小平理论研究会、党建协会等组织，其主要活动形式为讲座、报告、论坛、研讨会等。

文化类社团。文化类社团主要以社团成员的艺术特长、兴趣为基础，以提升学生艺术修养、增长学生艺术才能、丰富学生课外文化娱乐生活为目的而建立起来的非专业化的社团组织。该类学生社团充分展示大学生的文化修养和艺术才华，其成员既有大众化又内含专业成分，并将成员自身的兴趣爱好充分融入社团活动过程中。因此，该类社团是最受广大学生欢迎的，也是参与人数最多的社团。文化类社团类型多样、内容丰富，一般高校总体上将此类社团分为文学类、艺术类、体育类等类别。文学类社团主要包括诸如读者协会、文学协会、书法协会、话剧协会、国学社等等；艺术类社团主要包括诸如涂鸦协会、舞蹈协会、曲艺协会、动漫协会、合唱团等等；体育类社团主要包括诸如健美操协会、太极拳协会、网球协会、轮滑协会、瑜伽协会等等。

经济类社团。经济类社团主要是组织大学生开展创业模拟、市场经营、商业营销、经济管理培训等具有一定营利性质的社会活动。相比于政治类、文化类社团组织，该类社团具有鲜明的商业属性，营利氛围更浓厚，组织社会化更深入。经济类社团的类型比较繁多庞杂，如果按照大学生认知社会和融入社会的深度以及适应社会需要的实践能力划分，可将经济类社团划分为创业竞赛类、中介兼职类、商业营销类等社团。创业竞赛类社团是集实践操作能力和创新思维于一体的自发性组织。该类社团以“大众创业、万众创新”理念为驱动，以各类创业就业大赛为主要依托，让学生在大赛中激发创新思维，增强创造能力，是高校培育创新创业氛围的重要平台，是大学生创新创业意识和能力培养的放大器、大学生创业项目走向市场的孵化器、提升大学生职场能力的训练场。中介兼职类社团主要以中介的方式通过各种途径为社团成员和其他广大学生提供各类兼职工作机会。因此，该类社团是与社会接触比较频繁、与大学生联系较为紧密的社团组织，是广大学生获取兼职机会、赚取额外收入的重要渠道。中介兼职类社团主要以收取会员会费和中介费等形式维持自身运行。商业营销类社团更多是与校外商业活动接触，主动承接部分商业产品的宣传和推广营销活动，以此帮助社团成员提升自身综合能力、赚取额外报酬。同时，通过吸引社会商家、企业的赞助，来维持社团自身的良性发展和稳定运行。

志愿公益类社团。志愿公益类社团又被称为社会服务类社团，是大学生实现自我教育、自我管理、自我发展和自我服务的重要场所，也是目前高校社团组织中最具正能量和奉献精神的学生组织。该类社团主要是组织社团成员开展以服务社会、公益奉献为理念的各类志愿公益活动，如绿色环保协会、青年志愿者协会、红十字会、动物保护协会等。志愿公益类社团具有明显的公益属性和志愿属性。其中，公益属性主要体现在社团的非营利性和不计报酬方面，志愿属性主要体现在当代大学生自身的道德意识、良知观、责任心以及服务社会的主动性和无偿性方面。社团成员作为志愿者一般都是利用自身的空闲时间，充分发挥自身专业技能和专业资源优势有组织、有计划开展志愿服务活动。例如，街头宣传，主要是向广大市民或特定人群宣传环境保护、交通法规、志愿精神、垃圾分类等；便民服务，主要是电器维修、法律咨询、心理咨询、健康讲座等；技术服务，主要是推广新产品、新工艺、新技术，包括为农民或企业解决技术难题；管理服务，主要是帮助或协助企业做好策略管理和员工培训等；特殊群体服务，主要是面向具有特殊困难群体如自闭症儿童、孤儿、留守儿童、孤寡老人、革命军人等开展爱心服务。同时还包括参加各类“青年志愿者”、大学生“三下乡”和志愿服务西部开发计划等支农、支教活动。志愿公益类活动不仅活动形式灵活多样、时间分散、不计报酬，而且更为广大志愿者提供了服务他人、奉献社会的机会和平台，有助于高校更好地落实立德树人根本任务，有助于大学生在实践活动中更好地践行社会主义核心价值观，有助于我国公益事业更加快速、稳定发展。

第三节　新时代大学生社团的特点

针对大学生社团的特点，关注视角不同，社团往往呈现出不同的特点。本书以我国高校大学生社团的发展历史、组织结构以及运行过程为视角，主要从社团活动、社团成员、社团运行、社团功能、社团目标、社团管理等六个方面对大学生社团的特点进行梳理，归纳总结出新时代高校大学生社团具有社团成员的自愿性和广泛性、社团活动的娱乐性和开放性、社团运行的组织性和依赖性、社团功能的辐射性和创新性、社团目标的不稳定性和非营利性以及社团管理的随意性和专制性等六大特点。

一、社团成员的自愿性和广泛性

对高校大学生社团而言，自愿性也可称为非正式性，这是社团成立的基础。共同的兴趣、爱好或对某一学科专业领域有共同话题（目标趋同性或兴趣一致性）都可能会促成一个社团的成立，因此社团成员之间都是基于自发、自愿的。自愿性不仅仅是社团成立的基础，也会折射出学生参加社团组织的心理动机，不为学分，不为成绩，不担心优秀与否，不考虑能力高低，只需要兴趣、爱好。大学是一个正式的系统组织，如果学生不能按照规定完成相应的学习任务，就不能获得学分，不能顺利毕业，但社团就不会有这样的规则或制度。另外，高校团学组织主要通过学生干部身份、能力锻炼、经验提升吸引学生，而社团主要通过自身所具有的组织属性吸引会员，有着严格的组织性和纪律性。学生社团的章程和制度由学生根据组织实际情况自行制定，学生的加入与退出也非常自由，没有过多的限制。因此，“自愿性”是社团顺利开设的“大前提”，也是社团不断吸纳新鲜血液，持续发展的基本原因。

社团成员的广泛性可从两方面来理解，首先是社团成员大都来自高校内部，具有广泛的“群众性”。“据中国青少年研究中心提供的一项调查显示：从发展趋势看，学生社团的领域和范围正在不断扩大，跨校社团和网络社团的数量不断增加。全国有59.7%的大学生参加了校内社团，平均每人参与的社团数为1.8个。同时参加跨校社团和网络社团的大学生比例分别达到6.5%和14.0%，平均每人参与的跨校社团为1.76个、网络社团为1.99个。”[①]从数据上可以判断，高校绝大多数大学生能够突破年级、专业、学科甚至地域限制积极参与社团活动，充分说明了高校学生社团的广泛性；其次，广泛性还表现在社团成员在人格、兴趣、能力、认知度等方面的多面性和丰富性上。学生社团为了促进自身可持续发展和良性运行，就应通过高等教育深化改革倡导一专多能，形成大跨度、多层次的高校大学生社团格局。不仅活动领域要多元化，活动内容也要时刻体现时代性，服务对象也要从高校大学生扩展到社会各阶层成员。

二、社团活动的娱乐性和开放性

社团的娱乐性是相对我国高校大学生社团发展早期的政治性而言的。这一特点主要体现在现阶段高校大学生加入社团的动机、高校大学生社团的类型和功能以及社团活动的内容和形式等方面。就现阶段看，国内高校大学生加入社团的主要动机包括培养兴趣、充实生活、锻炼能力、拓宽视野、结交朋友等，很少有学生将社团作为表达政治抱负、实现人生梦想的平台。从上述社团类型分类不难看出，兴趣爱好型社团还是占有非常大比例，也是非常受欢迎的社团。而政治类社团和文化类社团的相对就小很多。高校很多学生社团都将“吸引更多的学生，满足更多学生的兴趣需求、让更多的学生玩得开心”作为社团自身发展规划的主体目标。从另一个角度讲，娱乐性将成为现阶段及今后很长一段时期内我国高校大学生社团发展的主体特点。

开放性是现阶段国内外高校学生社团发展的主体方向，这一特点是顺应我国改革开放发展潮流和市场经济体制改革发展需要的，是与我国高等教育国际化和高校转型发展相统一的。在我国高等教育由大众化阶段转向普及化阶段的

---

① 孙晔．新生代学生社团异军突起［N］．中国青年报，2006-3-25（02版）．

现实背景下，高校大学生社团与社会的互动越来越频繁。当代大学生富有激情和创造力的特点，决定了在社团管理风格和活动设计方面往往带有较强的差异性、创造性和开放性。相同性质的社团在不同高校可能会有不同的活动内容和表现形式，即便是同一高校同一社团，不同的人员管理也会呈现出不一样的特征和风格。另外，高校大学生社团活动的开放性还体现在活动区域上。现阶段高校大学生社团已不再将活动地点局限在校园内，而是不断地尝试走向社会，积极寻求其他高校和社会资源开展合作，甚至多所高校联合组建社团的新模式。

三、社团运行的组织性和依赖性

新时代高校大学生社团的组织性，具体指社团从申办、成立、运行、活动实施、评价监督等环节都要按一定的规则来执行。虽然高校大学生社团是自发属性的学生组织，具有一定的自由度和独立性，但大学生社团作为一级学生组织，必须接受学校有关部门的管理、指导和监督，不能毫无约束放任发展。在社团成立方面，一般遵循申请、审批、注册、公示等流程；在社团活动组织方面，一般遵循活动策划、审批、筹备、实施、反馈等流程；在社团运行机制方面，社团要同时接受校院两级团委、社团联合会或社团工作部的管理与监督，要实时接受指导教师的指导；在社团组织机构设置方面，大部分社团按照职责分工一般设立办公室、外联部、策划部、宣传部等部门。由此可见，高校大学生社团具有良好的组织性，在一定程度上保障了社团的规范运行。

高校大学生社团组织的良好组织性在一定程度上也凸显了社团组织的依赖性，主要体现在专业、经费及社团主要负责人三方面。在专业方面，高校社团组织要打造专业性社团，就必须依靠专业指导教师的针对性指导才能完成；在经费方面，虽然社团可通过收取会费和自拉赞助的方式获取一定的活动经费，但大部分活动经费仍然要依赖高校学生工作的专项资金支持，也就决定了社团的发展必须依赖高校。另外，高校大学生社团组织运行的依赖性还体现在社团自身对主要负责人的依赖，这在社团纳新和社团换届选举等方面都有所体现，主要负责人的亲和力、工作能力、沟通能力等都是影响学生选择社团与否的重要因素。部分高校大学生社团无法持续、稳定发展，就是因为没有合适的学生担任社团主要负责人，没有选好社团组织的“领头雁”。

四、社团功能的辐射性和创新性

新时代高校大学生社团作为校园文化建设的重要载体，对大学生的辐射程度和辐射范围都极其广泛，并影响着高校的诸多文化体系。大学生正处于增长知识、提升能力、拓宽视野的人生关键节点，正常的课堂教学根本无法满足大学生的多元化需求。大学生社团是高校“第二课堂”的主阵地，组织开展的各类丰富多彩的活动，正好符合并满足大学生成长发展的需要。高校大学生社团的辐射性特点一方面有助于社团对大学生潜在教育功能的发挥，促进大学生爱校荣校精神的培育，促进高校持续改善校园环境、文化环境和育人环境；另一方面有助于大学生巩固自身的专业知识，并将理论所学很好地应用于社会实践，从而提升学生的专业学习成效，增强学生的专业自信。

高校大学生社团的创新性是随着社团的不断发展完善，社团的管理运行方式、社团活动内容的丰富发展而不断地转型、升级、完善。就我国高校大学生社团的发展历史来看，社团功能也是不断地在创新中丰富起来的。随着我国高等教育深化改革和高校转型发展的持续推进，大学生社团也逐渐凸显出科技、创新的载体功能。一方面大学生社团活动由以往的较为单一的报告、宣讲、座谈等传统形式，逐渐向“联合型”“外向型”转变，折射出社团活动的教育意义和社会意义；另一方面，新时期的大学生社团更加注重新媒介资源和通信手段的利用，在一定程度上强化了院系、校际的联系，为社团活动积累了更多的资源和空间。同时，大学生社团带动学生创新创业能力培养的趋势越来越明显，也成了大部分高校社团活动的特色和亮点。如很多高校依托社团活动，在“挑战杯”大学生课外学术科技作品竞赛和创业计划大赛、暑期社会实践、大学生创新创业竞赛中都取得了较好的成绩。基于上述，正是由于社团功能的不断创新，高校大学生社团的积极性作用才能得以充分发挥，大学生的创新意识和实践能力才能得以充分展现。

五、社团目标的不稳定性和非营利性

高校大学生社团目标的不稳定性主要来源于三个方面。第一，社团的组织结构不合理。社团内部机构臃肿，分工模糊，学校相应的社团管理机构与社团结构不一致、不协调，都会导致大学生社团在实际工作开展过程中出现盲目性、功利性，社团活动开展效率不高、社团资源浪费严重的现象；第二，社团的管理机制不科学。大学生社团具有自发性特点，学生具有共同志趣是社团成立的先决条件，也是社团得以持续稳定发展的基础。但在实际操作过程中，社团的这种“人治”管理模式，容易导致社团制度的执行力、换届选举的科学性出现问题，容易产生“乱收费”“乱传位”“乱管理”的现象；第三，社团的成员稳定性不高。社团成员的新老更替、学生的志趣变化、社团管理的不规范、社团活动的平民化等原因，都会导致社团成员成为“铁打的营盘流水的兵”，导致社团成员的流动性很大。换句话说，高校大学生社团的自身运行特定以及大学生群体的发展特点是高校大学生社团成员稳定性不高的主要原因。

社会团体是社会组织的一种，也是我国政治生活、经济生活的重要组成部分。我国目前的社会团体都带有准官方性质。如行业性团体、学术性团体、专业性团体、商业性团体都具有较强的营利性目的。相比之下，高校大学生社团的营利属性并不明显，绝大多数社团都属于非营利性组织。大学生社团经高校相关职能部门审批后，由社团负责人向具有共同志趣的学生发起并组建，属于非正式群体。高校大学生社团的组织结构相对松散，社团成员稳定性相对不高，但并不影响社团作为一级组织形态而发挥积极作用。相反，正是由于大学生社团相对松散、独立、非正式的特点，才在吸引学生参与方面具有天然的魅力优势。高校大学生社团始终坚持不以营利为目的，其主要功能在于让社团成员之间产生良好的“互益”效应，满足大学生课余文化生活和成长成才需要。绝大多数大学生社团活动的经费主要来源于社团成员的会费、社会赞助以及学校的专项活动资金。经费主要用于社团的日常运行和活动支出，不带有营利特征。

六、社团管理的随意性和专制性

高校大学生社团管理的随意性和专制性主要体现在指导教师的指导和社团工作的考评机制方面。相比于美国大学生社团具有严格的指导教师选拔机制，目前我国高校大学生社团对指导教师的选择要求较少，而且更多的指导教师是由行政人员担任，专业教师承担的较少。另外，指导教师对社团运行的管理权限比社团成员的自身意愿更具有决定性，如社团活动举办与否、社团活动的内容和形式等等，基本都是由指导教师或学生干部直接决定，而没有专门的委员会进行讨论决定，显得社团管理的随意性很大。

大学生社团管理的专制性主要体现在高校大学生社团的管理体制上。首先在机构设置和管理方法方面，我国高校大学生社团主要接受校院两级管理，管理方向各有侧重，管理体系呈树状分散的金字塔形；其次在管理方法上，相比于港台地区和美国大学生社团具有较大自主性，我国大陆（内地）高校大学生社团实行民主集中式管理，社团必须同时接受校、院两级共青团组织的管理与指导，必须接受校社团联合会和院社团工作部的管理与考核。同时，我国高校大学生社团各项管理制度严格缜密，高校的总体办学方针、行政管理干部、指导教师对社团发展方向的决定性作用往往要高于社团负责人和社团成员的发展需求，这在一定程度上抑制了大学生参加社团活动的积极性和社团自身发展的自主性。

第四节　新时代大学生社团的功能

作为高校校园文化建设的重要载体和“第二课堂”的主要表现形式，大学生社团的发展越来越受到高校的重视和关注，这与其自身具有的特殊功能是分不开的。大学生社团功能的发挥是其生存发展的重要条件。高校大学生社团要持续稳定发展，充分发挥其各项积极功能是必然的。大学生通过参加社团活动，来增强自身的专业知识，拓展自身的专业视野，锻炼自身的实践能力，丰富自身的课余生活等等，都是大学生社团功能的具体体现。

一、载体功能

载体功能是高校大学生社团的一种工具性功能，是其作为一级学生组织所具备的基本性技能。高校大学生社团的载体功能主要体现在对学校的载体功能和对学生的载体功能。对学校的载体功能主要体现在大学生社团作为学校组织系统中的子系统，能够承载和传递党的教育方针政策、大学生思想政治教育理念和学校学风建设的相关信息等内容；能够承载和传递社会主义核心价值观理念和校园文化精神。可以通过社团文化的构建，在社团文化中有效融入文化建设和精神文明建设内容，为高校校园文化建设提供诸如价值理念、治学态度、生活方式、理想信念等育人元素，有利于高校更好地实现文化传递，更好地营造积极、健康的文化氛围和育人环境。对学生的载体功能，主要体现在大学生社团作为学生自我发展、自我服务、自我管理的自发性学生组织，为广大学生提供了一个锻炼自我、提升自我、展示自我的机会和平台。可通过报告会、研讨会、学术沙龙、专题讲座等不同形式的社团文化活动，将科学的思想理念、高尚的道德品质、先进的文化知识和基本的社会规范内化为学生的认知意识，进一步提升大学生思想道德修养，进一步强化大学生的人生观、价值观、世界观，进一步激励大学生形成健康的人格精神，有利于大学生的全面成长成才。无论是对学校还是对学生，只要社团运行是良性的，活动是积极健康的，都会在高校的人才培养工作中发挥出积极的载体功能效应。

二、思想教育功能

“所谓思想政治教育是指社会或社会群体运用一定的思想观念、政治观点以及道德规范，对其成员施加有目的、有计划、有组织的影响，促使他们形成符合一定社会或阶级所需要的思想道德素质的社会实践活动。”[①]大学生社团是高校学生自我发展、自我服务、自我管理的平台，更是推进大学生思想政治教育的重要载体。首先，高校大学生社团是在党团组织的统一领导下开展活动的，更加便于高校对大学生进行理想信念教育和爱国主义教育，有利于增强大学生的道路自信、理论自信、制度自信和文化自信，有利于强化大学生的服务意识、奉献精神和责任担当，以更好地展示自我、完善自我。其次，高校大学生社团是学生自我发展、自我服务、自我管理的自发性非正式群体，是校园文化建设的有效载体，是教育引导青年学生的重要阵地。大学生通过参与社团活动，实现自娱自乐、自我教育和自我完善，从而达到了解社会、认识社会、学习社会、强体益智、陶冶情操的教育目的，从而打造一种“文化场”，形成一种价值观念，塑造一种特定的环境和氛围。第三，大学生社团作为高校“第二课堂”的重要表现形式，让学生在社团活动中锻炼和掌握动手能力、管理能力、组织能力、创新能力和语言表达能力，帮助大学生树立崇高的审美理想、正确的审美观念和健康的审美情趣，形成良好的个性品质和积极的心理状态，是第一课堂的有效补充，能够较好弥补第一课堂的短板和不足，更广泛地满足了大学生求新知、长技能、善沟通、强表现的心理需求。

三、分界功能

分界功能是指学生社团依托形成的固有社团文化理念将不同的社团组织、社团成员进行区分的能力。这种区分并不是人为刻意造成的，而是社团组织可持续发展过程中的一种内在机制。每个高校都有最具影响力、最受学生欢迎的社团。同样，每个高校也都有勉强生存、几乎无人知晓的社团。一个学校，更多存在的是只被特定人群认可和熟知的社团，而这些社团构成了整个高校社团组织中的生态体系。在这样的生态体系中，每个社团都拥有自己独立的生存和发展空间，并明晰定位形成自身独有的文化理念。高校是各类学生社团文化交集的主要场所，一所学校少则十几个大学生社团，多则几十个甚至上百个学生社团，不同的社团

---

① 陈万柏，张耀灿．思想政治教育学原理［M］．北京：高等教育出版社，2007.4.

组织存在相互交织的可能，但彼此间相对独立甚至“隔绝”是目前高校大学生社团发展的主流趋势。产生“隔绝”的原因主要是大部分社团成员受精力和兴趣等方面影响，往往只专注于自己的社团，而对其他社团组织或社团成员则关注很少甚至是不闻不问，这也正是大多数社团组织只是在一定的范围内或特定的群体内被熟知的主要原因。这种社团组织“隔绝”局面的出现，凸显出社团之间的差异性，这一差异性也正是高校大学生社团组织分界功能的根源所在。高校大学生社团组织的差异性，主要体现在社团组织的价值目标、核心理念、活动方式以及社团成员的兴趣、行为习惯等方面。如科技学术类社团主要体现追求科学真理和普世价值，志愿公益类社团主要体现人文关怀和爱心奉献，文学艺术类社团主要体现人文精神和社会文明等等。此外，这种“隔绝”也是高校大学生社团发展呈现百花齐放、百家争鸣繁荣发展的良好基础。如果一所学校的社团只有一种文化，这样的社团组织必然会失去活力和吸引力。同时，社团文化的这种“隔绝”并不是鼓励存在的，而是作为校园中社团文化存在、交流、发展的基础。这就好比地球上每一个国家必然有自己清晰的国界，通过“国界”把一个个国家“隔绝”起来，但这并不妨碍国家之间的交流与合作。如果一个国家连“国界”都消失了，也就意味着这个国家不存在了，也就无法谈及交流和发展。从这个角度去理解，可以认为高校大学生社团的分界功能并非是为了把社团自身真正的“隔绝”起来，而是更有利于社团组织朝着良性、健康、可持续方向发展。

四、辐射功能

大学生社团作为高校文化建设的一部分，与校园文化形成一个有机整体，相互作用、相互促进。大学生社团一方面要受到校园文化的引导与熏陶，同时也在影响着校园文化的建设。从这个角度讲，高校大学生社团文化的辐射功能主要体现在大学生社团文化对高校校园文化的贡献和作用上。具体体现在两方面：一是高校大学生社团文化彰显时代特征。大学生社团文化丰富高校校园文化内涵，是校园文化的主要表现形式之一。大学生既是社会上最富有能量和前途的青年团体，同时也是社团文化的主体力量。因此，由这样一批社会青年力量构建的社团文化既凸显了校园文化特征，又彰显了中国特色社会主义新时代青年学子的时代特征。二是大学生社团文化丰富校园文化内涵。大学生社团具有明显的流动性特点，随时有学生离开，随时有学生加入，时刻保持社团文化的活力与时代同步。青年大学生是新时代发展进步最灵敏的晴雨表，他们的思维方式、行为特点不仅体现在学习和生活中，也体现在参与的社团活动中。青年大学生的兴趣、需求、价值等都会在大学生社团文化中凸显。大学生社团文化内含了中国特色社会主义新时代的青年文化特征，并伴随着时代的发展、青年的成长而不断丰富起来。从这个意义上讲，高校大学生社团文化向校园文化建设输入了新鲜血液，增添了新生活力，丰富了本质内涵。三是大学生社团文化在校园文化建设方面充分展现了学生的主体性和时代性。这种主体性和时代性，可以最大限度地调动大学生的参与积极性，让广大学生的活力可以得到充分释放。这种活力的释放在一定程度上促进了校园文化活力的进一步彰显。不同的大学生社团会形成不同的社团文化，但最终都要融入整个校园文化体系，各美其美，美美与共。四是大学生社团文化拓展校园文化影响。校园文化是高校对外展示和宣传的主要渠道，也是提升和扩大学校办学声誉和影响力的重要途径。学生是学校的核心元素，各方面的表现均表达着学校的人才培养成效。因此，大学生社团文化不仅仅是校园文化建设的重要组成部分，也是校园文化的传承者和名片。学生参与社团活动的言行举止，都将影响社会对学校的看法和评价。从这个角度讲，高校大学生社团文化不仅对内锻炼学生能力、提升学生素养，更是向外积极传递、拓展校园文化影响，起到很好的辐射作用。

第二章　大学生社团的发展

任何事物的发生、发展都必须遵循一定的自然规律。一切事物，只有经过一定的过程，才能实现自身的稳定发展。自然界、人类社会和意识形态领域的一切现象都是作为一个过程而向前发展的。事物发展的过程，从形式上看，是在时间上的连续性和空间上的广延性的相互交替；从内容上看，是事物运动形式、形态、结构、功能和关系上的不断更新。高校大学生社团的发展也是一个过程，也遵循这样的发展规律。

大学生社团作为高校校园文化建设的重要载体和主要表现形式，在高校人才培养体系中发挥着积极的辅助作用。对高校大学生社团的发展状况进行调查研究，探究其发展过程及规律，总结其发展经验和教训，将有力推进、引导高校大学生社团沿着正确的方向良性发展。本章将以此为中心展开论述，并就相关问题进行深入探究，为高校大学生社团建设和发展提供理论参考。

第一节　国外大学生社团的历史与发展

现代大学最早出现于中世纪的欧洲，声名在外的意大利的博洛尼亚大学，受到众多学生的欢迎。许多教师和学生因其自身需要和当时环境影响，成立了“行会”（facultas），这成了大学生社团在西方发展的雏形。在这之后，“社团”用拉丁词“Universitas”来表示，在12世纪时就代表了学生和教师的社团。此时的社团是自发形成的，但刚开始并未得到国家方面（教皇等）的正式确认，也具有类似手工艺的垄断性质，而是开放的、自由的，更具有一定的学术性和民主性，成立的主要目的也是为了更自由、更方便进行学术层面的交流。美国作为西方国家的典型代表，是世界上大学数量最多的国家。同时，美国也是一个十分崇尚结社的国家，历来十分支持和崇尚社团的建设发展，拥有世界上最多的高校学生社团。因此，梳理美国的社团发展历史，就可大致明晰国外高校学生社团的整个发展历程。

美国高校学生社团起源于18世纪中后期，最早可追溯到北美殖民地时期。美国高校学生社团是伴随着美国高校的发展而发展的，可以说美国高校学生社团的发展史就是美国高等院校的变革史。通过调研梳理，我们按照高校学生社团发展进程，可将美国从18世纪初至21世纪初的300多年历史，大致划分为初创起步、稳步提升、动荡发展及全面繁荣四个阶段。

一、初创起步阶段（1701—1861年）

（一）社会背景分析——“替代父母制”教育模式的影响

从1636年开启的北美殖民地时期到1860年美国内战爆发前夕，美国的高等教育发展处于以“学院”命名的开创时期。当时的美国积极效仿英国的牛津大学和剑桥大学，建立起以培养牧师和公职人员为主要任务的学院。其中，1636年在波士顿建立的哈佛学院标志着美国高校教育正式开启。美国这一时期的高等教育，学院招生规模和招收学生年龄普遍偏小，因此整个18世纪的美国高校基本都是沿袭或效仿英国高校教育的“替代父母制”教育模式。这种教育模式，主要是通过对学生实行文雅教育、宗教熏陶及清教主义教育，从而达到对学生的学、思、行等方面的指导与管理。在此种教育模式影响下，学生间根本无法形成有效的小团体，因此对学院产生并发挥作用更无从谈起。

18世纪末，美国开始的“西进运动”为美国的高等教育发展提供了新的方向和载体。更多的小型学院在美国西部建立，但课程设置和管理模式仍然延续着殖民时期的传统思路。随着美国经济的进一步发展，促使私人和商人在学院董事会成员中的比例得以提高，宗教人士的比重相对下降。同时，该时期的美国大学开始接受德国大学制度并逐渐推崇，导致传统的古典课程受到自然学科的严峻挑战，迫使美国学校逐渐改变其以宗教为中心的教育理念。再加上处于青春叛逆期的学生崇尚自由，极力挣脱“寄宿制”对自己的束缚和管制。在此背景下，美国大学先后涌现出一批文学社、辩论社等学生团体组织。但由于校方担心此类学生组织会对教会权力和上帝权威造成威胁，故而以其不利于学生思想与人格发展为由对学生团体组织进行打压甚至取缔。因此，该时期的美国学生社团组织具有明显的“秘密性”特征。

（二）早期学生社团的出现

随着在校学生规模的不断扩大以及自由、民主思想在北美殖民地的广泛传播，美国高校的大学生对文学鉴赏、交流和演讲表现出极大的兴趣和热情，兴起一股文学潮。1701年，美国最早的高校学生社团——文学社团（Literary societies）在耶鲁大学成立。随后，哈佛大学、普林斯顿大学相继成立了一系列文学社团，其中以耶鲁大学的 Lionian 和哈佛大学的 Speaking Club 最为知名。这些社团主要是对文史学知识进行整理和收集，并在教师的指导下开展文学演讲和辩论等活动，既丰富了学生课余生活，又积极引导了学生的发展。耶鲁大学毕业生、哥伦比亚大学曾任校长巴纳德（F.A.P.Barnard）说：“我在耶鲁大学文学社团中所获得的写作和演讲经验比我在耶鲁接受的其他任何训练都更有益。”

18世纪末至19世纪中叶，以文学鉴赏、交流、演讲、辩论为主要活动形式的社团迅速发展并获得学校相应的支持，而非学术性社团组织仍然受到学校的严格控制。同时，受德国教育模式的影响，美国的一些主要院校开始重点关注学术发展，而在很大程度上排斥或压制学生的课外活动。因此，很多学生社团组织只能秘密开展活动，甚至是用希腊文字命名社团。例如，1776年成立于耶鲁大学威廉玛丽学院的最早兄弟会——“菲贝卡协会”（Phi Beta Kappa）以及1870年成立于迪保尔大学的“姐妹会”等等。而其他高校学生也纷纷效仿，竞相组织成立秘密社团，社团名称也是千奇百怪、五花八门。在这些秘密社团中，最为出名的当属“骷髅会”。受精英治国论的影响，耶鲁大学学生威廉姆·拉塞尔于1832年德国留学归国后发起建立了此社团，旨在帮助社团成员实现自己的精英梦。“骷髅会”具有相当严格的选拔机制，成员大部分都是表现优异或具有良好社会背景的学生，而且严格要求成员立誓不得泄露社团的任何机密。“骷髅会”成立至今的180多年来，为美国白宫、国会、最高法院、中央情报局以及各政府机关、研究机构、金融行业等领域培养了大批社会精英和成功人士，其中最为出名的会员当属包括布什父子（布什祖孙三代都是“骷髅会”成员）在内的3位美国总统。

（三）学生社团的特征

美国早期的院校主要是具有明显宗教性质的“教养机构”，所建立的学生社团也带有浓厚的清教主义色彩，规模较小，活动形式相对单一。至18世纪下半叶，随着政治的独立和经济上的发展，美国高校的学生规模不断扩大，学生的自主性和自由意识逐渐增强，出现了很多秘密社团。这些早期学生社团，虽然规模不是很大，但因为迎合了学生的兴趣和发展需要而具有强大的生命力，有很多学生社团一直延续至今，在传承和积淀美国高校浓厚的校园文化过程中发挥着积极的促进作用。总体上讲，初创时期的美国高校学生社团具有以下基本特征：

1. 组织的自发性。受早期“替代父母制”教育模式以及德国教育制度的影响，美国高校对学生的学、思、行等方面进行了严格的控制和管教，并注重支持学术发展而排斥学生课余活动。学生自发组建社团，不仅是对当时美国高校严格管教和严重束缚的抗争，更是表达了对文学和自由的向往和追求。

2. 存在的“非法性”。在“替代父母制”和宗教主义影响下，美国高校片面认为社团的出现扰乱了学校的管理秩序，不利于学生的思想进步和人格养成，因此不承认学生社团存在的合法性，并一度试图阻止、取缔学生社团，但收效甚微。

3. 管理的无序性。由于无法取得学校对社团合法性的认可，大多数学生社团只能秘密运行，经费、活动场地、专业指导无法得到保障。同时，受限于经验不足，社团在组织、管理上也缺乏有效应对，存在较大漏洞，社团之间几乎没有沟通和联系，往往各自为政，处于一种松散、无序状态。

4. 强大的生命力。虽然早期的学生社团始终无法得到校方的承认和支持，并且还时常遭受打压和阻止，但因为契合学生兴趣需求、满足学生发展需要而受到广大学生的认可并得以生存和延续。可以说，美国早期的学生社团以其强大的生命力不断发展壮大，在一定程度上促进了美国高校校园文化的建设与发展。

二、稳步提升阶段（1862—1945年）

（一）社会背景分析——高等院校的持续发展及学术自由思想的确立

美国内战时期，国会通过了《莫雷尔法案》，催生了大批赠地学院的诞生。这一时期的美国高等教育开始得到政府的重点关注和大力支持，高等教育开始由学院向大学转型，院校职能重点向科学研究和社会服务方面转变。同时，随着德国高等教育理念在美国本土的持续传播与推广，高等教育国际化开始受到美国院校的重点关注，在一定程度上加速了美国高等教育自由思想的发展以及教育的全面开放，也促使美国高等教育产生了一系列重大变化。

第一，美国高等院校的数量和办学规模不断扩大，各高校的招生数量不断增长。例如，耶鲁大学1860年新生入学人数为649人，到1900年增长为2642人，而到了1945年则达到了5080人。另外，诸如威斯康星州拥有250万人口，而每年进入威斯康星大学学习的学生数高达五六千人。随着美国高等院校学生数量和年龄的逐渐增长，学生对组织开展课外活动的自主性、自愿性有了更高的要求和愿望，甚至不惜走上街头进行大规模游行来争取权益。

第二，美国高等院校开始更加关注和支持学术研究。随着美国高等教育的不断发展，校方逐渐放松了对学生社团组织管理和学生课外活动的控制，教师也将工作重心从学生的食宿、行为等问题上转移到教学、科研问题上，为美国高校学生社团的发展壮大提供了空间和机会。

第三，学术自由思想的重要地位得以确立。美国高等院校十分推崇德国柏林大学、洪堡大学的学术自由思想，其对美国高等教育的发展产生了深远影响。德国哲学家弗里德里希·施莱尔马赫（Friedrich Daniel Ernst Schleierma-cher）曾指出："大学的目的远非记忆力的训练以及简单的学习，而在于唤起学生全新的生活和一种真正的、高尚的科学精神……而唯有在完全自由的环境中方能实现此目标。"在此影响下，美国于1915年成立了"美国大学教授协会"（AAUP），并起草了《关于学术自由和教授终身任期的报告》，这标志着美国将学术自由思想的地位制度化，这在一定程度上为美国高校学生社团的组建和发展提供了较为宽松的外部环境。

（二）主要学生社团及其发展

美国高等院校为了有效适应高等教育领域带来的新变化、新要求，逐渐开始将学生事务工作作为专门领域进行管理。同时，美国校方也开始逐渐认识到学生社团在吸纳学生过剩精力、降低学生违纪行为概率、拓展学生眼界和培养学生良好的综合素养等方面的积极意义，便有意停止了对学生社团的打压和控制，反而开始积极鼓励学生以正确的方式组织参与有意义的社团活动。

在这一时期，美国高校的秘密性社团仍在继续发展，继"骷髅会"之后，成立了"挂锁协会""斧头和棺柩协会""猫头鹰协会"以及"毒蛇协会"等秘密性社团组织，而诸如"兄弟会""姐妹会"等组织则逐渐发展成为美国高等院校广泛存在的公开性社团组织。同时，公开性社团组织也在这一时期得到了快速发展，学生社团组织不再局限于文学类社团，各大院校纷纷建设体育馆，鼓励学生积极参加体育竞赛，学生社团逐渐向体育竞技类、戏剧表演类方向延伸发展。更为重要的是，这一时期的学生社团自治程度也逐渐提高，其标志就是"学生政府"的形成与确立。"学生政府"的最初形式是一些自发的学生组成的自治团体。1887年，加州大学成立了旨在促进学生之间交往的学生自治团体。1899年，加州大学又创建了旨在为学生提供服务的加州大学联谊会。1896年，全美第一个正式的"学生政府"在美国宾夕法尼亚大学成立。之后，美国各大院校纷纷效仿成立类似的组织并行使职责，作为代表与校方谈判，为学生争取相关利益及参与学校事务的管理权力等等。1905年，美国部分高校的学生社团联合组建了"校际社会主义者协会"（ISS）；随后，美国常青藤和中西部分高校联合组建了一个较为激进的社团“青年知识分子组织”（YI）；1901年，哈佛大学又成立了“国际大学生社团联合会”。这些学生社团组织的相继成立，标志着美国高校的学生社团已经脱离束缚不断发展成熟，逐渐成为自我管理、自我服务的自治性社团组织。

（三）学生社团的特征

这一时期的美国高校学生社团组织，不仅逐渐摆脱了校方的打压和控制，更是通过校内外的不断联系而成为广泛公开存在的组织，取得了不断的进步和发展。

1. 社团地位“合法”。为争取自由活动和发展的权利，学生与校方、教师进行了长期的抗争。高等教育领域的新变化、新要求也进一步促使美国高校逐渐认识到学生社团组织带来的积极意义，进而放弃对社团的控制，逐渐认可学生社团组织存在的“合法性”，并对其进行一定的支持和引导。正如学者所说：“纵观历史，高等院校总是不把学生本人看作当事人。然而，学生社团的发展成熟促使学校不得不重视学生作为当事人的身份，而后学生便以‘公民’的身份进入了学校。”

2. 社团发展日趋成熟。随着美国高等教育环境向着自由、宽松的方向逐渐发展，学生社团组织的发展也得到了一定的释放，其内部管理体制机制也日趋完善。另外，不同区域范围内的学生社团组织通过积极沟通和广泛联合，已经形成了区域性或全国性的学生组织，并作为学生代表向校方积极争取学生利益和参与学生事务管理权力。这不仅提高了学生社团的自治能力，同时还扩大了学生社团的影响力，在一定程度上吸引更多的学生积极参与学生社团组织。

3. 社团社会化趋于形成。支持和服务学生社团组织成为这一时期美国高校办学宗旨的一大特色，学校开始走出“围墙”，积极与社会进行接触和联系。因此，这一时期的美国高校学生社团也超越交友、娱乐范畴，积极投身到政治、改革和慈善等活动当中，成为连接美国高校与社会的重要桥梁。

三、动荡发展阶段（1946—1990年）

（一）社会背景分析——大众化时期的躁动

“二战”以后，美国高等教育发生了新的变化，开始进入到大众化发展阶段。在这一时期，美国大量的退伍军人获得进入大学深造的机会，促使美国公立院校的学生数量激增。据不完全统计，全美大专院校在校学生数量由1945年的160万人发展到1967年的近600万人。学生类型多样、年龄跨度较大、教育程度参差不齐，这些都导致美国这一时期的高等教育和学生发展呈现出前所未有的变化，促使众多社区学院和职业技术学院随之产生。随之而来的是高校日益膨胀的学生规模与相对紧缺的教学资源出现矛盾，给学校教学和学生的学业及就业造成了极大的压力。受此影响，大部分学生把更多的时间和精力放在了个人学业与事业发展上，因此这一时期的大学生社团活动相对沉寂，社团的发展相对缓慢。

20世纪50年代美国曾出现一些激进势力，但很快遭到政府镇压。在此影响之下，美国整个社会在一段时间内都表现出极度的安静和冷漠，高校的校园各个角落也都弥漫着沉闷、保守、枯燥、乏味的气息。直到60年代，高校大学生由于对美国环境污染、资源紧张匮乏、贫富差距加大以及战争困扰和威胁等社会问题愈加不满，并且对这种长期看不到希望的生活感到厌倦，终于抱着变革社会的雄心壮志而奋起反抗。学生运动随即爆发，并很快席卷全国，而美国高校的学生社团在此次学生运动中扮演着相当活跃的角色，发挥着不可忽视的重要作用。到70年代，美国政府包括各阶层逐渐意识到问题的严重性，开始反思各种社会问题，学生运动逐渐趋于平缓，部分学生社团也随之解散。同时，受到当时美国社会严重经济压力影响以及美国高校人才培养的目标导向，学生参与社会活动的积极性相对弱化，社团的发展再度陷入低迷。

（二）文学反叛社团与激进学生社团的出现

20世纪50年代出现在美国高校的文学反叛社团真实反映了美国“垮掉的一代”，他们通过怪异的小说或诗歌等文学体裁对美国当时的学生社团文化进行抨击和批判，并以毒品、流浪等极端形式来表现自身的自由、张扬的个性。此类社团的代表人物主要有金斯伯格、克鲁亚克、伯罗斯等，他们组建了具有极度反叛性质的文学社团。例如，50年代后期，当时已经考取伯克利大学的研究生艾伦·金斯伯格（Allen Ginsberg）创作了《嚎叫》一诗，该诗的创作手法和表现形式与当时的主流形式完全不同，是以一种近乎疯狂的、鼓励性的呼声来抨击当时华丽外表掩盖下的腐化社会。该诗一经公开，便迅速受到当时美国高校大学生的疯狂追捧，美国社会随之掀起一股强烈的反叛文学浪潮。杰克·凯鲁亚克（Jack Kerouac）的《在路上》、威廉·S.巴勒斯（William S.Burroughs）的《赤裸的午餐》等作品都创作于这个时期。

20世纪60年代，美国爆发学生运动，高校学生社团在此表现活跃、作用明显。例如，哈佛大学于1960年率先成立了“争取民主社会学生组织”（SDS），在当时的学生运动中扮演着领导角色。该学生组织鼓励号召大学生积极参与反对种族歧视、反对越南战争等运动。其他高校学生社团也纷纷效仿，紧随其后，积极投身到这场席卷全国的学生运动中。1964年，加州大学伯克利校园爆发“自由言论运动”，多达22个学生社团参与其中。60年代末，学生运动中还相继出现“傲鹰部落”“气象员”“四月部落”等极具暴力的学生社团。但由于这类社团频繁制造暴力事件，引起了人们的强烈反感。

（三）学生社团的特征

伴随着美国社会风气、政治氛围以及高等教育发展的变化，这一时期的美国高校学生社团经历了沉寂、爆发、低迷三个阶段。总体上看，这一时期的高校学生社团组织在20世纪60年代的美国学生运动中发挥了不可忽视的重要作用，具有以下明显特征：

1. 文学反叛社团充当先导，继而产生的嬉皮士文化和黑色幽默文学对美国学生思想的解放起到了积极的推动作用。

2. 60年代，以激进运动为己任的学生社团大量出现，成为美国社会一股不可忽视的力量。

3. 随着学生运动的爆发和不断发展，美国诞生了一个具有全国性影响的学生运动组织，即哈佛大学的“争取民主社会学生组织”（SDS）。

4. 学生社团的斗争主体目标由激进主义转为暴力抗争，一些具有暴力倾向的社团组织在美国大型公共场所制造多起恐怖爆炸事件。

5. 学生社团受国外思想的影响逐渐显露。这一时期对美国高校学生社团影响较大的有英译本的《毛泽东语录》和法国的“五月风暴”，这些为当时的美国学生运动提供了一定的经验和参考。

四、全面繁荣阶段（1991年至今）

20世纪90年代以来，受经济全球化和文化多元化的持续影响，美国的社会环境和高等教育环境均得到了明显改善，学生的自主思想和自治权力得到了进一步释放、保障。1991年，美国国会通过的《学生知晓权法案》，从法律层面肯定了学生对校园事件和教育信息拥有知晓权；1993年，美国政府出台的《国家及社区服务信任法》，进一步推动了学生社团参与社区服务的积极主动性，在一定程度上提高了高校大学生的公民责任意识和服务理念。这些法律的颁布与实施，促使美国高校成立众多以社区服务为主旨的学生社团。美国高校学生社团组织也从之前的沉寂、低迷中逐渐复苏、活跃起来。可以看出，美国高校学生社团的发展特点明显。

（一）历史悠久，社会影响力大

纵观整个西方社会，各阶层、各教派的青年人和成年人都广泛热衷于参加各种社会团体组织，社团的名称千奇百怪、五花八门，社团的发展历史悠久。例如，美国社团组织的形成可追溯到殖民地时期，到18世纪后半期，大学中开始出现学生自发组织的文学类社团。19世纪，社团逐渐成为美国高校学生课余文化的重要形式，民众也开始认识到课堂教学并不是大学教育的唯一途径，社团活动对培养学生良好的公民素质大有裨益。20世纪二三十年代，受实用主义教育思想的影响，课外活动与学术研究并行发展，在当时被称为“完整的教育”，学生社团在这一时期也得以迅速发展，并通过组织各类活动开展社会问题研究。20世纪60年代，美国爆发震惊世界的学生运动，学生社团在反对种族歧视、反对越南战争等运动中表现异常活跃，更加得到社会的重视和认可。国外社团组织由于起源早、发展充分，民众无论是在学校还是社会，总能找到自己喜欢的社团。因此，无论是青年学生还是成年民众，都对参加社团表现出强烈的愿望。广泛的人脉、丰富的资源，又极大促进了社团发展，并不断形成良性循环。在美国高校培养出的众多政界、商界、科学界领军人物中，如肯尼迪、尼克松、希拉里、卡特等很大一部分都曾是学生社团的活跃分子。

（二）机构健全，管理专业性强

经过长期发展，国外学生社团在管理方面不断趋于完善，并逐渐形成自己的特色。在澳大利亚，大学生社团普遍实行自我管理模式。如悉尼大学学生社团的申请成立和日常监督管理均由学生会自主完成。学生会的运营基础是发行学生卡。学生卡每人每年99澳元，学生自愿购买。学生凭此卡在校园内学生会经营场所（如银行、餐饮店等）消费或参加各类活动，并享受折扣、赠品等会员服务。同时，还可以享受一些志愿服务项目和勤工助学信息服务等。学生会每年按照每个社团会员持卡的份额来分配活动经费；在美国，大学生社团的管理工作完全依据国家法律法规和学校规章制度开展，管理程序相当规范严格，并且具有极高的透明度。如哈佛大学文理学院生活委员会（The Committee on Col-lege Life）总体负责学生社团的成立审批和日常管理。另外，哈佛大学还专门制定了《大学生社团管理规则》（*Regulations For Undergraduate Organizations*），并在学校网站上建立了专门的学生社团成立电子注册系统（Student Registration System）。同时，美国高校非常重视学生工作队伍建设，从事大学生社团管理的工作人员，大部分都是在教育学、心理学、精神病学等方面拥有硕士学位、博士学位的专家。专业化的管理队伍，是美国高校学生社团得以规范、良性发展的根本保障。

（三）经费充足，监督透明化

为支持和鼓励大学生社团发展，国外政府和社会都十分重视在经费方面给予大力支持。国外高校学生社团的活动经费主要来源于学校专项拨款、会员会费缴纳和企业赞助。除此之外，国外高校允许社团自行开展经营性项目，来进一步拓展资金来源。例如，美国的哈佛大学允许学生社团在校园内经营便利店、餐饮店、理发店和书店等，所得收入全部免税纳入社团活动经费。另外，学校还允许学生社团通过广告、门票、征收服务费、收取房屋租金等途径创造收入；澳大利亚的悉尼大学学生社团的活动经费主要由学生会提供，学生会通过经营校园内的银行、餐饮和各类零售服务等，每年拨给每个社团的最高活动经费可达5000—7000澳元。由于规模庞大、经费充足，国外学生社团对活动经费的管理和使用以及监管非常严格。例如，哈佛大学《大学生社团管理规则》规定，社团的任何收入都不能为社团中个人所有；社团的指导教师要参加学生办公室主办的社团财务管理培训班；社团每年要向学院院长办公室提供一份详细的财务报告，并接受财务审核。悉尼大学社团章程明确规定：社团财产归属于社团董事会，直接由社团例会来处置；社团的所有开支都要通过支票，报销必须有至少两名董事会成员签字，其中一人必须是社团财务官。而社团财务官又有十条金科玉律进行约束，以此严加防范财务上的道德风险。

第二节　我国大学生社团的历史与发展

中国的社团思想历史悠久，其历史最早可追溯到先秦两汉时期。先秦时期私学的兴起，形成了百家争鸣的局面，诸子广收门徒，积极宣扬自己的观点，这已初步形成学术团体的雏形。而在夏商周三代伊始，学生结社的现象较为普遍，他们经常聚集在一起谈论国家事务或开展思想辩论，这本身就带有一定的社团属性，“子产不毁乡校”[①]这一典故就是较为典型的例证。在随后的历史发展过程中，形式各样的文学艺术社团、教育社团大量涌现。如唐宋时期的“文会”“吟社”和“诗社”，明代的文人社团都组织开展了较为频繁的活动。但是，由于受到当时历史文化的约束和限制，这些社团的社会属性不是很明显，原始性和封建性的色彩相对较浓。直到近现代社会，中国真正意义上的社团才开始出现，并在社会进步和发展过程中发挥着不同的功能。

在中国高等教育和现代大学不断发展的历史长河中，学生社团扮演着非常重要的角色。但是，虽然在高校里学生社团颇受学生欢迎和追捧，社团的发展也日趋完善和成熟，但社会对高校学生社团的属性和作用还缺乏全面的了解和深刻的认识，对社团的背景、文化、地位、功能和作用还缺乏足够的理解。这在一定程度上影响了社团的发展，制约了社团作用的发挥。通过梳理、分析我国高校学生社团的变迁史，归纳、总结不同历史时期我国高校学生社团的性质和功能，将为新时代背景下更好地定位、管理、教育、引导社团发展提供良好的基础。在我国高等教育持续深化改革、高等教育实现大众化、高校办学规模日趋壮大的新的历史条件下，重新并正确认识高校学生社团的意义、性质和功能，对构建和谐校园、营造良好学风、丰富校园文化生活等都具有十分重要的现实意义。为进一步加深对我国高校学生社团的了解，充分发挥其教育引领功能，对我国近现代高校

① 刘利等译注．左传［M］．北京：中华书局，2007：241．

学生社团的发展脉络进行梳理是十分必要的。

一、萌芽初创期（1902—1918年）

根据史料记载，我国高校学生社团的发源地是1896年建立的南洋大学（今上海交通大学）以及1898年建立的京师大学堂（今北京大学）。这两所大学均是中国最早自主创办的官办大学。1902年，上海南洋公学学生因抗议校方压制学生自由言论而退学，从而爆发了全国首次学生退学风潮，退学学生在蔡元培和吴稚晖等人的支持和帮助下，于1902年11月16日在南京成立了“爱国学社”，使退学的学生得以顺利完成学业。“爱国学社”成员思想活跃，理念开放，不仅编印了相关杂志，还专门以“国民公会”的名义，积极宣传资产阶级民主革命，并参与学潮，倡导革命，在爱国运动中均有比较突出的表现，发挥了积极的作用。

1904年，日俄战争在中国爆发期间，京师大学堂学生丁作霖（又名丁开嶂）联合其他同学在奉天发起成立了“抗俄铁血会”。该社团组织通过游行、集会、演讲、散发传单、开办报纸等形式表达对清政府的软弱无能的极大愤慨，并抗议和声讨日俄在中国发动战争，侵略中国的罪行。自此，学生们纷纷成立类似的爱国团体，并组织开展形式多样的爱国宣传运动。

虽然“爱国学社”比“抗俄铁血会”成立时间早，但其主要活动内容比较单一，就是学习，并且是由退学学生组成的，不能视为严格意义上由在校学生自主创立的社团组织。因此从这个角度讲，由丁作霖组织发起的“抗俄铁血会”可以称之为中国高校第一个真正意义上的高校学生社团组织。

由此可见，我国高校学生社团组织的萌芽是基于当时所处的动荡不安时局而自发创建的，该时期高校学生社团的功能也主要是组织、聚集热血青年开展爱国运动，社团成立的目的也仅仅是为了革命救国，这对当时学生的自身成长和职业发展并未起到较为明显的作用。

二、动荡发展期（1919—1948年）

我国高校学生社团在这期间整体进入了动荡发展期。最开始的两年间，学生社团迅速发展，并形成一定规模，尤其是“五四”时期迎来了中国学生社团发展的首次高潮，此后学生社团发展趋于平稳。

1919—1920年，我国正经历内忧外患，各种思潮涌动，孙中山、康有为、梁启超、谭嗣同、宋教仁等一批思想活跃的知识分子群体在这期间先后建立了很多社团或政党组织。总体上看，虽然这些社团或政党组织的创建初衷和发展目标并不统一，但其核心目标都是学习西方先进文化知识。这一时期，依托于新文化运动这一时代洪流，各种新思想、新观念裹挟而来，一批名目繁多的高校学生社团应运而生，成为学生探讨、选择、吸收、学习新思想的重要阵地。如著名的新民学会、觉悟社等都是在当时产生的。同时，也诞生了一批在中国共产党历史上极具影响力的代表人物。如北京马克思学说研究会的邓中夏、陈独秀、李达等，天津觉悟社的周恩来、邓颖超等，湖南新民学会的毛泽东、蔡和森、何叔衡等，武昌利群社的恽代英、萧楚女等。这些高校学生社团成就了中国第一批中国共产党人，同时他们也成为中国共产党的伟大缔造者。

从“五四运动”爆发到新中国成立前夕，这段时期内的中国社会又先后经历了北伐战争、抗日战争和人民解放战争。同时，中国社会主义青年团于1920年8月，中国共产党于1921年7月先后成立，各高校学生联合会等学生组织也相继建立，高校学生社团呈现出蓬勃发展之势。但是，随后爆发的北伐战争，北洋军阀对学生运动进行了残酷的镇压，使得北方高校的学生团体发展严重受挫，造成以高校学生为主的社团活动开展十分困难，难以为继。虽然后来的执政党换成国民党，但仍将高校学生社团视为社会不稳定因素之一，对中等以上学校的学生团体进行镇压，并且严令各大学生团体及个人不得与社会接触联系。总的来说，这一历史时期中国高校学生社团虽然处于一个十分动荡的状态，发展运行较为困难，但总体上还是有所发展的。

从整体上看这一时期我国高校学生社团组织的特点，可以发现社团的类型、功能逐渐丰富，学生的兴趣爱好也逐渐成为社团成立的主要因素之一，社团不仅具有革命救国的政治功能，还发挥了关注学生兴趣爱好、提升学生综合素质的作用。

三、调整改造期（1949—1965年）

新中国成立后，我国在政治、经济、文化、教育等领域发生了根本性变化，党中央也开始对社会各方面进行改造，巩固新政权。在对高等教育事业的改造过程中，除了对院校进行调整，建立高度统一的高等教育体制外，还在校内广泛开展"思想改造和组织清理工作"，并对校内学生社团组织进行调整和改造。坚决取缔不符合社会主义价值要求的社团组织，并按照社会主义原则对其他社团调整和改造，使社团组织的目标原则、价值取向和发展方向与社会主义相一致。随着1956年我国社会主义三大改造完成，我国进入全面建设社会主义新时期，为进一步丰富大学校园文化生活，更加便于开展党的思想政治教育工作，高校逐渐加大了对学生社团的支持力度，从而使学生社团发展全面复苏，相继涌现出一批优秀的学生社团组织。如北京大学的"五四文学社"成为当时最具有活力的学生社团之一，并一直活跃至今。但是，受新中国成立后"左"倾思潮影响，学生的个性培养非但没有得到重视，反而一度受到压制，学生社团发展也处于低迷状态。

总的来说，这一时期我国高校学生社团数量较少，自主性较小，但具有很强的政治性，这在一定程度上影响了社团的发展。

四、重创停滞期（1966—1976年）

1966—1976年"文革"期间，我国的高等教育发展遭受重创。因此，大学生社团也就失去了成长和发展的土壤和环境，全面陷入"瘫痪"状态。这一时期，我国高校的学生社团数量急剧减少，社团活动停止，学生个性培养不但没有获得重视，还一度受到压制，仅有的政治性社团组织也因参与者的被动而变得名存实亡。可以说，该时期的大学生社团发展几乎处于停滞状态，是新中国成立以来我国社团发展的最低潮期。

五、恢复重建期（1977—1989年）

1977年高考恢复，1978年党的十一届三中全会召开，标志着我国进入了改革开放新的历史时期。在新的历史时期，高等教育事业发展进入了快车道，大学生素质教育越来越受到关注和重视，这也为高校大学生社团提供了更大的发展机遇和成长空间。由于之前高考制度中断了十年，高考恢复后的几年里，大学生在年龄、经验、阅历、文化层次等方面都有很大的差距，导致原有的相对单调、统一的大学生社团模式已无法满足大学生发展的需求。尤其是进入20世纪80年代后，“解放思想，实事求是”成为社会主流意识形态，更加激发大学生冲破思想禁锢，大胆、自发地组建各种类型的社团，不但发展了专业型、政治型社团，还创新性地建立了彰显学生个性的文体类、实践类社团，社团活动的质量和效果也大幅提升。随着1981年全国学校思想政治教育工作会议在北京召开，思想政治教育被正式作为一门学科逐渐建立起来，大学生社团也开始进入思想政治教育的研究范畴，这在一定程度上加速了大学生社团的恢复重建。

六、探索发展期（1990—2003年）

在这一时期，具有中国特色的社会主义市场经济体制逐步建成，高等教育体制改革持续深化，大学生社团在学校管理和教育中的作用日益凸显，社团的发展规模不断扩大，国家对社团的引导与管理力度逐渐加大。1990年，国家教育委员会发布《普通高等学校学生管理规定》，明确指出学生社团必须服从学校的领导和管理。教育部也多次组织召开有关加强和改进高校思想政治教育工作会议。随着大学生社团发展的日益成熟，其逐渐成为高校开展思想政治教育工作的重要载体。

1999年，国家明确提出了全面推进素质教育的目标和要求，大学生社团作为实施素质教育的重要渠道而得到了空前的关注和重视，社团的发展也迎来了真正意义上的“春天”，社团的类型、功能、形式等方面都发生了较大变化。2001年前后，部分高校开始尝试探索成立了大学生社团联合会，隶属学校统一领导，主要负责管理、服务各类社团组织，为大学生社团的健康、和谐发展发挥了积极的促进作用。

七、繁荣发展期（2004年至今）

2004年10月，中共中央、国务院出台了《关于进一步加强和改进大学生思想政治教育的意见》，提出要加强对大学生社团的领导和管理，支持和引导大学生社团自主开展活动。同时还强调："要依托班级、社团等组织形式，开展大学生思想政治教育。"这标志着我国大学生社团组织的发展开始进入新的时期。2005年1月，教育部、共青团中央联合下发《关于加强和改进大学生社团工作的意见》，指出了强化大学生社团工作的主要任务和总体要求，明确了大学生社团建设的重要地位。2016年 1 月，团中央教育部全国学联联合印发的《高校学生社团管理暂行办法》中指出："高校党委统一领导本校学生社团工作，要把加强和改进学生社团工作，作为高校贯彻党的教育方针、推进素质教育的重要组成部分，纳入高校整体工作中"。一系列政策和意见的出台和实施，都为高校大学生社团的快速发展提供了支持和保障，高校大学生社团进入了发展的黄金阶段。尤其是党的十八大以来，我国进入了中国特色社会主义新时代，高校大学生社团作为关心和支持青年学生发展的重要力量，将迎来新的历史机遇，承载着新的历史使命。随着社会对大学生素质需求的不断提高和大学生社会竞争压力的不断加大，大学生社团的性质有了新的转变，开始由理论转向实践，一些具有实用价值的社团，如讲辩、摄影、职业规划与就业指导、科技创新等类型社团开始逐渐建立起来，并受到学生们的欢迎。

这一时期的大学生社团组织得到了快速发展，取得了较大成绩，但也凸显出很多问题和困难，如学校对社团的管理和指导不到位、社团自身的管理不规范、社团活动的层次和品位不高、社团自身运行与社会无法融入等问题，都在一定程度上影响和制约着社团的健康发展，需要学校和大学生社团在未来发展过程中共同努力，以待完善和解决。

第三节　我国大学生社团建设的历史经验

我国高校自建立了第一个大学生社团组织以来，历经百年的坎坷发展历程，终于迎来了今日的蓬勃发展态势，也积累了丰富的发展经验，总体上可把我国高校大学生社团的发展历程划分为新中国成立前和新中国成立后两个阶段。新中国成立前，我国始终处于内忧外患的动荡时期，这一时期的高校大学生社团主要以爱国救国、求生存、求解放、求自由为主要目标开展活动；新中国成立以后，随着社会制度不断完善、社会发展不断进步，高校大学生社团组织的发展也变得更加个性化、多元化，社团活动主要以满足学生个人兴趣、提升学生综合素质和增强学生实践能力为目标开展。总结起来，我国高校大学生社团发展的历史经验主要表现在以下几个方面：

一、突出强调高校对学生社团的指导与管理

同国外高校大学生社团的发展方式不同，我国高校大学生社团自初建起，其自身发展就始终受到学校先进思想的引领。尤其是“五四运动”前后，当时的高校大学生社团组织在革命先辈和学界名流的带动和指引下，社团自身发展的方向性和目标性更加明显，为之后的我国高校大学生社团的良性发展奠定了坚实基础。改革开放以后，我国高校大学生社团组织一方面继续保持着蓬勃发展的态势，另一方面也在积极接受高校及相关部门的管理与指导，从根本上保证了社团发展的先进性和科学性。从根本上讲，突出强调高校对学生社团的指导与管理，将有助于及时排除社团自身发展过程中的隐患和危险，有益于学生的身心健康和思想稳定，确保社团稳定、健康地发展。

二、着力发挥社团自身的思想政治教育功能

我国高校大学生社团在不断走向成熟稳定的过程中，其自身的思想政治教育功能也在不断丰富和强化。2004年，中共中央、国务院出台的《关于进一步加强和改进大学生思想政治教育的意见》，明确指出："要依托班级、社团组织形式，开展大学生思想政治教育。"2005年，教育部、共青团中央在《关于加强和改进大学生社团工作的意见》中强调："要探索和推进在学生社团中建立党组织、团组织，加强政治指导，在社团活动中融入生动有效的思想政治教育，使学生社团在大学生思想政治教育中更好地发挥作用。"可以看出，思想政治教育功能作为高校大学生社团最重要的功能属性一直被国家层面所重视和强调。在大学生社团管理和社团活动过程中积极融入思想政治教育元素，将有利于进一步丰富思想政治教育功能，有利于进一步创新思想政治教育形式，同时也更加有助于促进我国高校大学生社团的发展方向更加正确，政治立场更加坚定。

三、准确把握青年学生的思想特征和成长规律

目前，高校的大学生主体已经是"〇〇后"的新时代青年，追求自我解放、发展自我兴趣是这一个性化群体所体现的鲜明特点，高校传统的班级团体已经无法满足大学生的个性化需求。而大学生社团作为高校"第二课堂文化"的重要载体，能够满足学生的多种需要：一是求同需要。大学生之间几乎都处于同龄阶段，彼此之间在兴趣追求、性格爱好等方面都存在一致的可能性，兴趣相投往往能够促使其加入社团组织；二是求异需要，也可以称为补偿性需要。主要表现在大学生在明确自身缺点或不足的基础上，希望通过加入社团从其他同学身上获取经验、长处或者优点来弥补自身短板；三是求通的需要。所谓的"求通"就是大学生通过社团活动实现上级和下级、老师和学生、校内和校外之间的沟通和联系。由此可以看出，高校大学生社团是大学生进行沟通互动、满足兴趣需求的重要平台，有利于高校构建和谐稳定、沟通良好、气氛融洽的校园环境。

四、充分保持与社会环境的互动沟通

高校大学生社团的建设发展离不开社会环境的影响，其取得的建设成果会助推社会的发展进步。一方面，高校大学生社团的建设和发展需要与外界社会保持沟通和联系，并不是处于“真空状态”。部分高校大学生社团是通过吸收借鉴社会团体的运行模式和管理经验而建立起来的，其自身的发展优化离不开社会制度的不断健全完善，更离不开社会法治环境的熏陶。同时，社会的发展进步也为高校大学生社团的建设发展提供了“沃土”和“养分”，有助于丰富高校大学生社团建设的社会化功能；另一方面，高校大学生社团建设也在一定程度上助推社会的不断发展进步，影响并引领着社会风气和社会环境的好转与净化。高校大学生社团是高校大学生思想政治教育的重要阵地，通过大学生社团的育人功能助推高校培养具有时代使命感的中国特色社会主义事业的建设者和接班人，将有助于为社会输送更多的优秀人才，进一步推动社会整体环境的改善与提升。

第三章　大学生社团的时代特征

近年来，随着我国高等教育改革的不断深入和高校转型发展的持续推进，高校大学生社团的发展规模越来越大，发展速度越来越快，发展质量越来越高，育人功能体现得愈加明显。加入大学生社团组织，参与大学生社团活动已经成为当代大学生在校生活中的重要经历，社团作为大学生自己真正的组织，受到学生们的广泛欢迎。究其原因，就是因为同其他组织相比，大学生社团在组织形式上具有自发性和自主性的特点，在活动内容上具有丰富性、新颖性的特点，在活动方式上具有多样性、灵活性的特点。大学生社团的这些特点，决定了其已成为当前高校校园文化建设的重要力量和实施素质教育的重要渠道。《教育部、共青团中央关于加强和改进大学生社团工作的意见》明确指出：高校学生社团活动是实施素质教育的重要途径和有效方式，在加强校园文化建设、提高学生综合素质、引导学生适应社会、促进学生成才就业等方面发挥着重要作用，是新形势下有效凝聚学生、开展思想政治教育的重要组织动员方式，是以班级年级为主开展学生思想政治教育的重要补充。由此可见，高校社团组织因为个性鲜明的大学生作为参与主体，而体现出独特的时代特征。

第一节　新时代大学生社团活动的主体思维

所有的人类活动都有动作的发出者和受动者，相应的，所有活动的参与者就有主体和客体之分。主体是指认识活动和实践活动的承担者，是与认识和实践的客体相对应、相关联而获得其规定性的，它可以是一个个体、一个团体、一个阶级、一个国家乃至整个人类。大学生社团活动作为高校学生活动的主要组成部分，也涉及活动主体的问题。高校大学生活动主体就是支持、组织、实施、参与大学生社团活动的人或相关组织。按照参与社团活动的环节和角色不同，可将其划分为两个相对的维度：一是参与活动的主体；二是指导活动的主体。由于高校大学生社团具有自发性、自主性的特点，因此大学生本身就是社团活动的参与主体。同时，由于大学生这个特殊群体具有一定的不成熟性，再加上大学生社团开展活动需要相关的政策、资金支持，需要有相应的指导和管理，并非完全独立的社会组织，具有半独立性，因此也涉及社团活动的支持性主体。当然，高校大学生社团的良性运行，除了具备参与性主体和支持性主体外，也要依赖于二者之间的有效互动。

一、参与性主体

大学生社团作为高校校园文化建设的重要载体，已成为高校“第二课堂”的重要引领者。由于大学生社团是以学生为主的群体性组织，这就要涉及社团的参与主体——学生，即学生是大学生社团的参与主体，同一类型的大学生社团有着不同范围的参与主体，不同类型的社团有着不同类型的大学生作为其参与主体。

（一）不同范围的参与性主体

1. 在校学生

在校大学生是高校的主人，也是高校社团的主人，对于高校各类社团活动，所有在校生均为参与性主体。截至2021年3月，全国共有普通高校2738所，共有各种形式的高等教育在学总规模达4183万人，我国已构建了全世界规模最大的高等教育体系。这么大规模的高校在校生群体，兴趣爱好、思想追求、文化基础、技能水平、能力品位都有着很大的不同。受目前高考录取规则的限制，很多学生的入学专业选择无法实现与自己的爱好、兴趣完全匹配，而高校大学生社团正好可以满足所学与所需不匹配的个人特质、爱好、兴趣、能力等，所有在校生均可以参与到自己感兴趣的社团活动中，以使自身的特长有所发挥，使自身的兴趣得以满足，使自身的才华得以施展。

目前，高校大学生社团已经发展为作用独特、深受广大在校生欢迎的“第二课堂”，很多高校也陆续推行了“第二课堂成绩单”制度，要求在校生在完成规定的学业以外，还要在“第二课堂”修够一定的学分，以此实现学生全面综合素质的提升。目前高校倡导的是集素质养成、知识传授、能力培养和创新创业教育于一体的教育模式，除专业学习外，还依托“第二课堂”设置思想政治素养、实习实践能力、创新创业能力、精英励志教育、文体素质拓展、技能培训认证和社会责任担当等方面的内容，而这些内容均可在相关的课外社团实践中完成。大学生社团已经成为高校所有在校生实现素质全面提升、深化“第二课堂成绩单”制度的重要平台。因此，从这个角度讲，所有在校生均可参与社团活动，均可以视为社团活动的参与性主体。

在校大学生参加社团活动可以获得比专业学习更加丰富的收获。一是能够锻炼和提高学生解决问题的能力。无论是学生干部还是普通学生，在社团活动参与的过程中都可能会遇到很多困难或问题，在解决这些困难或问题的过程中就潜移默化地锻炼了解决问题的能力；二是能够丰富大学生活。对于大学生来说，在校期间的专业学习是最重要的，但不是唯一的。课业之外能够加入自己感兴趣的社团，或者参与一些有意义的社团活动，会让大学生活变得更加丰富多彩；三是能够扩大交际圈，增强沟通能力。大学生可以通过加入社团组织或参加社团活动，认识更多的同学、结交更多的朋友，不但可以提高自身的交往能力，还可以形成凝聚力，增加彼此友谊，收获更多的乐趣；四是可以为将来走向社会增添砝码。在学期间的社团经历是个人求职简历中的重要部分，可以为将来就业提供帮助。另外，在社团活动积累的为人处世之道，可为工作后的职场人际关系处理提供参考。

2. 社团会员

社团会员是具有一定的条件、经过一定的程序、履行相关义务并享有一定权利的社团成员，是社团的核心参与主体。社团会员具备的可能条件有：拥护党的领导，坚决贯彻党和国家有关的路线、方针、政策，遵守国家法律法规和校规校纪，具有所在学校正式学籍，爱好社团的主要内容方向，积极参加社团组织的会议和活动；加入社团组织的一般程序为：提出申请，按规定注册，及时缴纳会费，颁发社团会员证；社团会员可享受的权利有：所在社团的选举权、被选举权及表决权，优先参与本社团组织的各项活动，免费使用本社团内的各种设备、器材，对社团建设发展提出意见或建议，自由退团等；社团会员要履行的义务有：接受社团的领导，遵守社团章程，积极参加社团活动，完成社团分配的任务，不散播不利于社团发展的言论等。

《高校学生社团管理暂行办法》中明确规定：学生社团的成员应当是该校具有正式学籍的学生。社团成员有权了解所在社团的章程、组织机构和财务制度，有权对社团的管理和活动提出建议和质询，有权按照章程自由加入或退出该社团；社团成员应当定期注册，按章程缴纳会费，积极参加社团的各项活动。学生社团会员大会是学生社团的最高权力机构，依照本社团的章程行使职权。学生社团负责人应通过会员大会民主选举产生。社团指导教师必须是本校在职教职工。由此可见，普通学生要想成为社团会员，会存在一定的条件程序和限制，是社团的核心群体。这里的“核心”主要体现在两个方面：一是参与活动的核心主体；二是组织活动的主体。作为参与主体，他们与普通学生无异，而作为组织主体，则需要他们扮演不同的角色。因此，高校大学生社团会员属于较小范围内的活动主体，在社团活动的参与、组织两方面均为核心和骨干。

（二）不同类型社团的参与性主体

1. 理论学习类社团的参与性主体

我国高校大学生理论学习类社团所涉及的理论是指马克思主义理论。马克思主义理论体系简称马克思主义，其覆盖了马克思本人关于未来社会形态——科学社会主义的全部观点和全部学说，主要包括现代唯物主义和现代科学社会主义两个重要组成部分。广义的马克思主义还包括马克思主义与中国实际相结合的产物——毛泽东思想、邓小平理论、“三个代表”重要思想、科学发展观以及习近平新时代中国特色社会主义思想。学习上述相关理论，用其武装自己，是我国对当代大学生的必然要求。

我国高校大学生理论学习类社团是以马列主义、毛泽东思想、邓小平理论、“三个代表”重要思想、科学发展观和习近平新时代中国特色社会主义思想为指导，以理论学习为主要活动内容，致力于提升学生思想政治水平和道德觉悟，培养新一代青年马克思主义者的学生社团。比较常见的有青马社团、求是学会、时事研究社、党建协会等等。目前，大学生理论学习类社团已经成为各高校思想政治教育和理论宣传的主要阵地和重要载体，所开展的活动为高校思想政治教育提供了一条有效途径。合法合规、内容健康、符合道德规范、形式多样化的理论学习类社团活动融入了正确的价值观、人生观和世界观以及深厚的爱国主义、集体主义教育的内涵，而大学生理论学习类社团活动又是在学校的指导下开展的，这为理论学习类社团活动作为大学生思想政治教育的载体被有效运用提供了支撑和条件。理论学习类社团在大学生思想政治教育中发挥的作用愈发明显。很多理论学习类社团挂靠马克思主义学院或政治经济学院，与思想政治理论课结合起来，也成了大学生进行课外理论学习的重要渠道。马克思主义理论相关课程是我国高校大学生的必修课程，因此参加课外理论学习类社团应该成为全体在校生的选择。从这个意义上讲，理论学习类社团的活动主体应该是全体在校生。换言之，我们可以把全体在校生称之为广义的社团活动主体。

但通过相关报道或文献查阅，了解到目前我国高校大学生理论学习类社团的发展面临“逆水行舟”的困局，对学生的吸引力和学生参加活动的积极性有所下降，有人将此发展困局描述为“昔日人满为患，如今为留人发愁”，这主要是社团活动主体定位问题所致。高校大学生社团活动除了广义的主体外，还涉及狭义的活动主体。对于该类社团来说，狭义的活动主体应该是马克思主义理论相关专业学生和对政治理论学习及探究有浓厚兴趣的人，这类人群加入社团完全是自愿的，具有较强的主体精神。社团以此类人群为核心，策划开展接地气、富有时代性的活动，来吸引其他广义的活动主体来积极参与，就可较好地改善理论学习类社团目前所处的尴尬困境。

综合来看，现阶段的高校社团普遍存在大学生学习功利性明显、自我管理能力不足、求知欲和探索欲下降的倾向，导致理论学习类社团的吸引力变弱。建设发展好理论学习类社团可以有效提高大学生自我管理、自我学习、自我控制的能力，有效激发大学生的求知欲和探索欲，有效增强大学生的思想政治素养，有利于高校进一步营造勤奋好学、刻苦钻研、积极探索、追求卓越的良好学风。当前，为了进一步推进大学生骨干的马克思主义信仰和理论学习，通过教育培训和实践锻炼等切实可行的方式，不断提升大学生骨干、青年团干部、广大青年学生的思想政治素养、创新思维能力和组织协调能力，使这一青年群体始终坚定“四个自信”，成长为新时代中国特色社会主义事业的合格建设者和可靠接班人。由此可见，“青马工程”的使命和大学生理论学习类社团的使命是一致的，两者具有相同的活动主体。因此，“青马工程”应该以理论学习类社团为依托，理论学习类社团应该把推进“青马工程”作为自身的使命。

2. 学术科技类社团的参与性主体

随着高等教育改革的不断深入和高校转型发展的持续推进，学术科技类社团在培养学生创新实践能力、营造浓厚的校园学术氛围、激发大学生科研兴趣、促进大学生全面成长成才等方面发挥的作用越来越明显。目前，各高校已逐渐认识到该类社团的地位和作用，开始紧紧围绕人才培养目标，持续加大对学术科技类社团建设的投入力度，使该类社团在高校大学生社团体系中的地位日趋凸显。当然，其活动主体也较为广泛。学术科技类社团是以专业学习、科技创新、学术探究等为主要活动内容的大学生社团组织，如机器人协会、计算机协会、模拟联合国协会等等。由于每个大学生都是从事某一学科专业学习的个体，都可以对应一个或一类学术科技型协会，这不仅仅包括理工类学生，人文社科类学生也可以自愿参加或组建与自己专业相关的学术型社团组织，可以参加自己感兴趣的科技创新类社团。由此可见，科技创新类社团的活动主体较为广泛。

由于该类社团具有较强的专业性和学术性，并且活动主体相对广泛，因此该类社团的建设与发展必须与学校思想政治教育活动相结合、与专业教学改革相结合、与专业特色和学科优势相结合、与专业导师制相结合、与创新创业活动相结合。以此实现学术创新类社团的建设和发展始终服务于人才培养质量的提升、服务于教学质量的提高、服务于学生创新能力的培养、服务于浓厚校园学术氛围的营造，从而推动校园文化建设，提升校园文化品位。

另外，根据对应活动主体的不同，学术科技类社团也具有不同风格的建设模式。如果以专业学生为主体来源，那么社团建设可采用学科专业模式，即以本学科专业为建设基础，由本专业的学生或对该专业感兴趣的学生群体组成。这类社团的特点是社团成员的来源比较稳定，所组织的社团活动也容易得到学科或专业的技术支持；如果以某一门课程的修读学生为主体来源，那么社团建设可采用专业课程模式，即以某一门专业课程为建设基础，由对该课程有浓厚兴趣的学生群体组成。此类社团的特点是可参与的学生主体来源较少，但由于社团成员的兴趣浓厚，所以社团的凝聚力和组织力较强；如果以某一课题或项目开展的会员为主体，那么社团建设可采用课题或项目模式，即以某一课题或项目为建设基础，由参加该课题或项目以及对该课题或项目研究感兴趣的学生群体组成。该类社团的特点是社团规模较小，活动空间相对狭小，有些类似于课题兴趣小组；由于理论学习类社团的主体和学术科技类社团的主体是有交叉的，因此也存在学术创新类社团建设的理论学习模式，即以理论学习为建设核心，由有意愿参加该理论学习的学生群体组成。此类社团的特点是社团活动主要以理论学习、科学探究为主，政治性和理论性很强。由于该类社团的主体来源同样是参加学术科技类社团的群体，因此社团建设也可采用学术赛事模式，即按照以赛组团、以赛促学、赛学结合的原则，实施学校职能部门或专门组织统筹规划、基层单位具体负责的管理模式。

3. 自律互助类社团的参与性主体

该类社团是大学生开展自我管理、自我服务、自我监督、自我教育的自发性学生组织，其主要职责是自我监督和互相帮助，如学生自律委员会、大学生自管会、大学生生活服务协会、校园环境保护协会等等。此外，高校还存在各种类型的自律互助小组，涉及学习、生活、课外活动等不同领域。由于该类社团的参与性主体主要是由开展自我监督、有自律精神、善于服务他人的学生群体组成，因此这类社团也成为目前各高校师生沟通的桥梁与纽带以及高校实施大学生自治模式的重要载体。以大学生自管会为例，其参与主体往往是开展宿舍文化建设、宿舍环境卫生检查与监督的主要力量，因此有热心、爱心和责任心，乐于帮助和服务他人是加入该类社团的基本条件。

4. 社会实践类社团的参与性主体

社会实践类社团是相对理论学习类社团而言的，主要是利用寒暑假、课余时间开展校内外实践活动，旨在通过实践活动，进一步加深大学生对专业知识的掌握程度，增加大学生对社会的了解和认知，把握职业生涯规划和就业方向，培养健全人格，强化就业竞争优势等。正因为如此，该类社团颇受广大学生的欢迎，各高校均建有相当数量的社会实践类社团，如教师技能协会、职业规划协会、国际交流协会、创新创业协会、就业技巧协会等等。同以往兴趣爱好类社团最受广大学生欢迎的情况不同，目前更多的“95后”“○○后”大学生更倾向选择社会实践类社团自治，一些新成立的社会实践类小众社团也逐渐成为高校社团组织联盟中的“新宠”。之所以出现如此局面，主要是因为这类社团在学生和社会间搭建了一座沟通、交流的平台，可以让广大学生能够提前了解社会、适应社会。此类社团的参与主体主要是对实践活动有浓厚兴趣的大学生群体，这是和理论学习类社团有所区别的。总的来看，参加社会实践类社团的群体范围较广，并且有逐步扩大的趋势。这类社团的学生群体可以划入实践型人群，喜欢开展实际操作、开展项目运作等动手性质的活动，通常喜欢亲身体验或实践相关理论和方法。

5. 志愿公益类社团的参与性主体

总体看，志愿公益类社团在高校的发展较快，数量和规模在逐步扩大，这和当前社会形成的推崇公益、致力于社会建设的良好氛围不无关系。志愿公益类社团是以开展社会服务、开展义工帮扶、助力公益事业为主要活动内容的社团组织。该类社团和社会实践类社团类似，也为学生和社会间搭建了沟通的桥梁，在育人过程中发挥着不可替代的重要作用，是目前高校实施大学生德育教育的重要载体。志愿公益类社团一般包括义工协会、志愿服务团队、慈善公益组织、环保志愿协会等，主要以项目化的形式定期开展形式多样的志愿服务活动和慈善献爱心帮扶等活动。从开展的社团活动内容可以看出，志愿公益类社团的参与主体是热衷于公益事业，具有奉献精神和服务意识的大学生群体。这类大学生群体可以划归为社会型人群，其特点是关心他人、乐于助人，喜欢与人打交道，喜欢参与帮扶他人的活动，愿意奉献自己的爱心去引导别人、帮助他人，他们通常具有很强的社会责任心，积极、热情、善良、耐心、善于协作，重视社会义务和社会公德。

6. 体育类社团的参与性主体

我国历来十分重视大学生的体质，在高校开展了丰富多彩的活动来鼓励大学生开展体育运动。2007年，中共中央、国务院印发了《关于加强青少年体育增强青少年体质的意见》，2014年，在全国高校启动了大学生“走下网络、走出宿舍、走向操场”主题群众性课外体育锻炼活动，引导和帮助大学生增强参加体育锻炼的主动性。同年，教育部印发了《高等学校体育工作基本标准》，对高校体育学生社团提出了具体的建设标准，要求学校成立不少于20个学生体育社团，采取鼓励和支持措施定期开展活动，形成良好的校园体育传统和特色。体育类社团活动的开展，对大学生身心健康、全面成长成才具有重要的推动作用，成为目前高校促进大学生参加课外体育锻炼的有效平台和长效机制，是高校体育教学的有效延伸和积极补充。

从开展体育活动、增强大学生体质的角度分析，体育类社团的参与主体是全体在校大学生，这个是广义的主体。因为大学生在课余时间参加形式多样的体育社团活动，有利于培养兴趣爱好、掌握运动技能，并形成终身运动的意识。体育类社团活动的自主性、兴趣性和多样性，为大学生提供了很大的发挥空间和选择余地，能够充分激发学生参与体育锻炼的积极性和主动性。另外，高校体育类社团活动还有利于校园文化建设，体育类社团是高校校园文化建设中的重要组成部分，也是高校体育文化发展的重要载体。从体育竞技、体育项目爱好者的角度看，体育社团的参与主体是对某些体育项目有特殊爱好和有一定技能基础的学生群体，这个是狭义的主体。大学生体育爱好非常广泛，并且形式多样，有传统的爱好项目，如田径、游泳、足球、篮球、排球、乒乓球、羽毛球、网球等；也有传统民族体育项目，如武术、象棋、围棋、龙舟等；还有新兴的运动项目，如马拉松、滑板、轮滑、滑冰、滑雪、跑酷等。活动的形式也是多种多样，既有常规训练，也有定期比赛，既有日常交流，也有学术研讨，不但丰富了大学生的课余生活，增强了大学生体质，还培养了大学生坚持到底、不放弃的优秀品质，为高校营造了勇于追求更高、更快、更强、更团结的校园文化氛围，有效促进了校园文化的多元性。

7. 创新创业类社团的参与性主体

创新创业类社团是一类以激发大学生创新思维、培育大学生创新意识为主要目的的学生社团组织。该类社团的参与性主体并非所有在校大学生，而是具有创新思维和创新意识的学生群体。这类群体一般具有以下特征：不安于现状，不循规蹈矩，喜欢探索新鲜事物，做事效率高，决定事情比较果断，执行能力强，敢于担当，善于思考，具有较强的组织能力和沟通能力，有着较为广泛的人脉和良好的人际关系。创新创业类社团是近年来高校新发展起来的社团组织，其建设宗旨是在高校内营造良好的创业氛围，鼓励大学生激发自身创新思维，强化创新意识，并在自身能力基础上经营符合发展要求的具有良好文化品位和科技含量的公司。同时，进一步激发大学生的创业热情，提升大学生创业素质和能力，增强大学生的团队协作能力，促进大学生的沟通协调能力，并促使大学生创业管理体制和运行机制进一步专业化、规范化、制度化，促使大学生在进入市场、接受市场的检验以前，能够得到科学、规范、有效的创业培训，实现大学生和社会之间的良好互动，实现大学生专业知识的实用性转移。

创新创业类社团一般包括模拟创业社团、创新创业协会、创新创意社团等，有的高校成立了创客空间、大学生创业孵化园、创意创业园，以大学生为主体直接入驻，开展相应的创业活动。在这种情况下，创新创业类社团就成了学生开展创新、创业项目的孵化基地，参加社团活动对开展正式的创业行为做足思想上、条件上的准备。该类社团可以培养大学生的创新意识和创业素养，将学校产学研一体化的办学理念融合在社团建设上，促进校园知识成果的市场化转化。由此可见，创新创业类社团的参与主体是将来在创新或创业领域有所作为的预备队，通过积极参与该类社团活动，可以有效促进大学生从社团成员到真正创业者的良性转变。

二、支持性主体

由于高校大学生社团并不是独立的社会团体，也不是独立存在的实体，而是大学生自发组织成立的高校群体性学生组织，承担着高校校园文化建设和“第二课堂”引领的重要使命，是学校组织开展思想政治教育、课外教育等工作的重要抓手，因此，相关部门和群体要对其进一步加强管理、指导和支持。这里所指的社团外的相关方，均为高校社团的支持性主体。按照角色定位不同，支持性主体可划分为行政支持主体、专业支持主体和组织支持主体等。

（一）行政支持主体及支持措施

党、团组织均是高校社团的行政支持主体，其中高校校级共青团组织是直接支持主体。关于高校大学生社团建设，从党中央到各级团组织均有相关的支持性政策或文件。2017年，中共中央、国务院印发的《关于加强和改进新形势下高校思想政治工作的意见》明确指出：要积极发挥共青团、学生会组织和学生社团作用，这是从党中央层面提出的大学生社团建设的支持性意见。而更具体的支持性文件主要由共青团中央、教育部和全国学生联合会等组织或部门制定出台，如2005年教育部、共青团中央发布的《关于加强和改进大学生社团工作的意见》是直接针对高校大学生社团工作的指导性文件，明确了各级各部门对高校社团的支持，要求“支持和引导学生社团依据国家的法律法规，按照各自《章程》，独立自主地开展理论学习、学术科技、文化娱乐、社会实践、志愿服务、体育竞技等活动。各地各高校可以根据实际情况，通过举办优秀社团评比展示、社团文化节、社团活动展演等方式，进一步活跃社团活动，扩大社团在学生中的影响，为学生社团发展注入活力、创造条件、搭建舞台、营造氛围。团中央、教育部将定期组织社团开展交流活动，评选全国优秀学生社团”。2016年，共青团中央、教育部、全国学联联合印发《高校学生社团管理暂行办法》，对高校社团的运行等提出了具体的管理和支持办法。

除了中央层面和团中央、教育部、全国学联等层面，各省级团组织、各校共青团均提出了针对大学生社团组织建设和发展方面的支持性文件和措施，其中校级共青团组织是最主要的社团支持性主体。校级共青团组织一般下设校级大学生社团联合会，此机构组织是由全校学生社团共同组织发起的社团间协调和议事机构，各二级院系也会成立相应的社团联合会二级分会，由此形成了“学校党委—校级共青团组织—校级社团联合会—院系级社团联合会分会—大学生社团”的“五位一体”的大学生社团组织支持体系。因此，大学生社团的行政支持主体是一个由多级别组织构成的网络架构，为大学生社团的建设和发展以及运行提供了有力、可靠的行政保障。这些保障措施一般可以分为以下几类：

1. 行政支持文件或制度

各级各类部门会根据其自身所处的部门职责范围制定出台相应的支持性文件，如党中央是最高的支持机构，它对社团的支持意见以《关于加强高校思想政治工作意见》的形式发出，团中央、教育部则是以相关的行政指导意见的形式体现高校社团的具体指导和支持意见，各省级团组织、高校相关组织则会在上述意见的指导下，出台更加具体的指导和支持细则。

2. 相关的政策支持

不同级别的行政主体会在党中央的意见的指导下，制定相关支持和实施政策，如共青团中央、教育部制定出台的“第二课堂成绩单”制度，目前已在大多数高校实施，这个制度将高校大学生社团的重要性提高到前所未有的高度。很多课外课程学分必须通过大学生社团活动才能够获得，如实践学分、课外科技学分、文体素质拓展学分、技能拓展学分等等。

3. 相关的经费支持

目前，大多数高校大学生社团活动经费主要来源于学校专项经费拨款、会员会费以及社会赞助等方面，但会员缴纳会费只有极少数具有特殊性质的社团才允许，更多的社团均为免费、自愿入会。而社会赞助的费用又非常不稳定，时高时低，时有时无，因此学校专项经费就成了高校大学生社团活动经费的最主要来源。

（二）专业支持主体及支持措施

专业支持主要是指对大学生社团开展的活动进行相关专业技术方面的业务指导和咨询，该方面的支持方为专业支持主体。对于高校来说，专业支持主体主要是指专业院系、研究所、教学部门等专业机构。专业支持几乎对所有类型的大学生社团都十分必要且至关重要。例如，理论学习类社团的专业支持来源于与学习的专业方向一致或相关的院、系、研究所的专业教师，学术科技类社团的专业支持主体主要来源于与课题、项目等存在支撑关系的研究人员，创新创业类社团的专业支持主体主要来源于与项目、竞赛相关的具有创新创业经验的教师，文体类社团的专业支持主体主要来源于文化、艺术、体育等机构的专业人员。学术科技类社团的专业指导更为重要，而创新创业类社团则需要更多方面的专业支持，如创新创业领域师资、社会领域的投资方、政策法规咨询部门等。

在整个社团专业支持主体中，指导教师是支持主体的核心。高校大学生社团的指导教师是指导社团开展各类活动、保障社团健康、稳定、规范发展的教师，主要负责对大学生社团的整体发展提供思路和理念，对社团成员进行思想引领、业务指导和利益保障等。社团指导教师要严格遵循社团各项章程、条例以及办法，定期、主动指导学生社团开展社团活动、方案策划、换届调整、干部培养以及评优争先等事项，并积极协助社团自身妥善解决发展建设中的问题。同时，指导教师要督促社团做好计划、总结，要积极参加社团例会和纳新宣讲会，及时关注社会活动开展全过程并及时给予指导意见。可以说，指导教师的专业支持是社团活动彰显专业性、科学性的根本保证。

北京大学的山鹰社就是获得专业支持的经典事例。北京大学山鹰社是国内著名的体育类大学生社团组织，其在登山运动方面取得的成绩可以媲美很多专业的登山团队。其成员主要由思想积极上进、身体素质良好的大学生组成，本科生、硕士生、博士生、青年教师都是其会员。多年来，该社团不断完善和壮大自身实力。统计资料显示，自20世纪90年代起，山鹰社已拥有数十名国家一级登山运动员，近百人攀登过雪山，30人有过两次以上的高山经验，21人曾攀登过7000米以上的高度，等等。这些骄人成绩的取得，除了有学校领导、相关部门的支持外，更主要的是有体育教研室、中国登山协会等组织的专业帮助。

与社团业务一致的专业机构、发生组织联系的各级共青团、社团挂靠的相关单位等均为大学生社团活动的专业支持主体，支持主体主要从以下几方面开展支持工作。

1. 强化管理措施，构建支持社团的管理机制

大学生社团的独特组织特点，决定了它不能实行完全的学生自治模式，需要有更完善的协作管理支持机制。目前，很多高校实施校级工作领导小组负责宏观指导、基层单位提供专业支持，指导教师具体组织管理相结合的协作管理机制。协作管理支持机构参与单位众多，由学校团委牵头，各基层单位、教务处、科研处、学生处、研究生处、资产管理处、财务处、后勤工作处等部门参加，主要负责落实解决大学生社团建设发展过程中遇到的困难和问题，如指导教师的选定，工作量认定，开展社团活动所需场地、设备、经费等条件的解决，鼓励支持校内相关专业开展好具体指导，积极推荐相关作品、人员参加交流和竞赛等等。必要时组建社团联合会，设立专项活动经费，扶持重点社团、支持优秀社团、奖励精品社团等，切实加强对学生社团的支持与建设。另外，有的高校还从教学单位、教研室、指导教师、学生社团等环节人手，建立并形成有效的管理机制，在活动经费、后勤保障、活动内容等方面积极支持社团的建设和发展，通过设立大学生社团活动基金、项目培育经费、将社团活动纳入学生教学实践活动培养环节等措施，进一步加强和支持大学生社团的建设和发展；有的高校建立一系列激励政策，将社团活动纳入学分制，对参与社团活动并获得一定成果或成绩的学生给予一定的学分鼓励，最大限度发挥大学生社团“第二课堂”功能，让其成为“第一课堂”的有效延伸，实现参与社团活动的学生在实践中有所学、有所得；有的高校开设社团实践体验课，将大学生社团活动纳入课程管理体系，把学生参加社团活动的质量、效率以及成绩换算成一定的学分，从而增加学生参加社团活动的积极性和获得感。

2. 突出专业指导，打造优秀的社团导师队伍

打造一支热爱学生工作、责任心强、专业水平高的专业指导教师队伍，是大学生社团得以良性、稳定、健康、规范发展的关键所在。首先，高校要在学校层面制定相应的政策和措施，将大学生社团建设纳入本科生导师制建设体系，把大学生社团活动纳入本科生导师指导范畴，成立由院系领导、专业教师、专职辅导员组成的社团导师队伍，并与本科生导师享受同等待遇，从而更大地激发社团指导教师的积极性、主动性和创造性；其次，高校要根据不同社团的性质、特点，有针对性地聘请德才兼备的专业教师担任社团指导教师，在责、权、利方面进行相应配套，在教学工作量、职称晋升等方面给予适当倾斜，定期遴选、评定社团优秀指导教师并进行表彰；第三，高校要定期组织开展社团指导教师培训，引导指导教师要有目的、有规划、有步骤地对大学生社团活动进行指导和帮助。例如，在社团建立之初开设有关基础知识的课程，在开展社团活动时指导学生制定符合社团自身特点、切实可行的活动策划或方案，在具体的社会实践项目或科研课题选题等过程中给学生必要的专业性建议或指导，对社团活动中出现的棘手问题或困难及时召集社团成员商讨对策或解决方案，等等；第四，高校要多措并举将高水平教师人才引入学术科技型社团，以提升这类社团活动的学术性、科学性；最后，高校要引导社团指导教师重视和把握社团发展的方向。要大力扶持理论学习型社团，热情鼓励学术科技型社团，正确引导兴趣爱好型社团，积极倡导志愿公益型社团；要指导社团遵循高等教育发展规律，沿着中国特色社会主义发展方向发展。

3. 打造精品特色，营造浓厚的校园科技文化氛围

积极组织高水平专家学者开展学术类讲座或学术报告，邀请指导教师开展技能培训，努力打造具有很强专业性、趣味性的精品社团活动。一是要建立大学生课外学术研究制度，鼓励学术科技型社团结合社团特点和学科专业特性，积极参与课题或项目的申报与研究，在参与课题选题、撰写申报书、过程分析以及结果形成的过程中对学生进行全面、完整的科研能力锻炼，进一步夯实学生的专业基础，提高学生的实践动手能力；二是要建立以竞赛为主要抓手的大学生课外学术科技活动体系，依托校园科技文化节、大学生社团科技文化节、大学生课外学术科技作品竞赛、大学生创业计划大赛等平台，引导各学术科技型学生开展、参与各类赛事活动，积极营造浓厚的学术研究及学术交流的校园氛围，带动和感染学生积极参与科技创新活动，不断提升学生的实践能力和创新意识；三是要引导学生社团结合学科优势和专业特色，积极投身社会实践活动，让学生走向社会、了解社会、适应社会、服务社会，并在融入和服务社会的过程中不断提升自身的专业水平和综合素质。

4. 构建评价体系，激发学生社团持续发展动力

科学、有效的评价体系可以促进大学生社团不断得到优化和完善。在大学生社团的管理过程中结合学生创新实践能力培养实际建立相应的评价体系，通过评价推动学术科技型社团的持续发展，通过指导教师、社团成员和学校管理部门的评价激励，不断推动社团目标的实现，不断激发社团成员的创新意识和创造性思维，不断增强社团的凝聚力和荣誉感，不断提升社团成员的自我管理、自我服务、自我教育、自我评价能力。大学生社团以一定的量化考核方式来考察社团成员专业知识转化为实践成果的效果，来评价考核各项活动的组织和参与情况以及实施效果等，并将考核结果与学生综合素质测评以及第二课堂成绩单有效结合起来。通过建立科学的评价体系，不仅可以激发社团成员的参与热情和工作积极主动性，还可以使每一位参与成员更加明晰自身的努力方向，从而有效实现学生的自我评价功能，为学生的全面发展提供更可靠的参考依据。

5. 发挥骨干作用，支持开展社团干部的培养

支持开展社团骨干成员，尤其是社团干部的选拔培养，可以将思想过硬、作风正派、素质较高、能力突出的学生遴选出来担任社团主要负责人，这对社团的建设发展至关重要。同时，要有计划、有步骤地对大学生社团负责人进行培训，有针对性地提高他们的综合素质。另外，要把大学生社团负责人和骨干成员纳入团学干部体系，在评奖推优和综合测评等方面充分考虑其在社团工作中的成绩和效果，以此进一步增强学生的凝聚力，实现社团在党、团组织的领导下正确前进。

6. 提高社团地位，加大对学生社团建设的投入

高校要对大学生社团活动给予必要的经费支持，以保证社团活动正常开展；要积极鼓励、引导大学生社团通过吸纳社会赞助等方式募集活动经费，同时对募集过程进行跟踪和监督；要在活动场地、设备耗材、活动条件等方面给予支持，可以通过组建大学生社团活动中心等形式，为社团活动的有效开展提供有力的物质保障和政策服务。

三、社团生活中的主体互动

社团的运行和活动的开展有赖于不同主体的互动，这涉及社团生活中的主体互动。根据不同的角度，主体互动可以划分为不同的互动类型。从平行角度可以分为微观互动和中观互动，微观互动是指社团成员之间的互动，中观互动主要涉及社团和社团之间的互动。在高校里，每个社团都不是孤立存在的，而是互动的，并在互动中繁荣了校园文化，丰富了课余生活。另外，大学生社团并非自身的自娱自乐，而是需要相关方面的支持，这涉及支持性主体的参与。同时，社团的运行还存在纵向互动，纵向互动也可划分为微观层面和宏观层面。微观层面主要是指师生互动，即社团成员和指导教师之间的互动；宏观方面主要指组织互动，即主管部门、指导层面和社团自身之间的互动。

（一）社团成员之间的互动

社团成员之间的互动是社团运行的主要形式，主要是通过社团成员之间的互动开展组织运行、活动策划、方案制定、活动实施、人员选定等。通常的社团成员之间的互动方式主要有以下几种：

1. 基于社团例会的互动

例会是大学生社团开展事务交流、议事和决策的重要机制，是社团成员之间互动的主要形式。根据例会参加人员范围不同，可将例会分为社团干部例会和社团会员大会。社团干部例会由社团骨干成员参加，主要是社团核心成员讨论社团的日常事务，可以是周例会、月总结会、临时会议等。对于重大事项决策问题、学期初计划制定、学期末工作总结以及社团成员纳新或社团干部换届选举等事宜，则需要召开全体会员大会，会员大会的互动范围较大，议题也相对广泛。

2. 基于社团活动的互动

一次完整的社团活动，需要经历活动策划、方案制定、组织实施、过程监控、总结表彰等环节，是一个系统工程，需要社团不同部门之间的团结协作，这涉及社团成员间的互动，包括会员间的平行互动，也包括会员和部门负责人、部门负责人和社团负责人、社团负责人和社团联合会等部门的垂直互动。由于开展社团活动是社团日常运行的核心任务，因此基于社团活动的互动较为频繁，是普通社团成员之间互动的主要表现形式。

3. 基于相关比赛的互动

依托社团参加各类比赛也是大学生社团的重要职能之一。这里不仅包括学术学习型社团，还包括兴趣爱好型社团，如创新创业类社团会不定期组织参加“互联网+”大学生创新创业大赛、创业设计大赛等；专业学习类社团会定期组织参加各类技能比赛或学术竞赛，如教师技能大赛、计算机设计大赛等；体育类社团会定期组织开展各类体育竞赛，如大学生足球联赛、马拉松比赛等。比赛是大学生之间加强联系、切磋业务、提升技能的主要途径。当然，比赛需要成员间的互动与协作，这是必不可少的。尤其是集体类比赛项目的互动显得更加重要。由于社团成员能在互动中结下深厚的友谊，这是其他教育活动所不能比拟的，因此社团在互动中开展教育的特点体现明显。

（二）社团之间的互动

社团和社团之间的互动就是开展社团之间的信息和业务的沟通、交流。通常的做法是开展交流会、联谊会、社团晚会等。兴趣爱好型社团可以开展形式多样的互动活动，如歌会、晚会、文体活动等；理论学习型社团之间可以开展研讨会、读书会、交流会、报告会等；志愿公益型社团可以通过联合开展志愿服务、社会实践活动等形式进行互动；专业学习型社团之间可以开展志愿服务、技能竞赛、学术交流、专业研讨等活动。

1. 校内社团互动

校内社团有一个共有的互动平台——社团联合会。社团联合会简称社联，是社团组织的具体管理部门，其主要职责包括为社团提供必要的支持和服务，如帮助社团进行组织建设，帮助维系社团之间的联系等；建立并维护学生社团与学校职能部门之间的联系，组织开展全校性社团活动，开展学生社团联合会自身的工作，如宣传部负责活动宣传，外联部负责筹集赞助等；统筹协调各基层学院的学生社团联合会的工作；负责新社团组织的申请、注册和原有社团的撤销等工作等。社团联合会通过日常的例会制度将全校社团组织紧密地联系在一起，并通过该机制实现社团之间的互动。除此之外，社团联合会还牵头组织全校性的社团活动，在组织的学校级别的科技文化节、校园文化节等活动中，协调全校社团参与其中，通过这些活动实现了社团之间的互动。同时，校级社团联合会每年还开展社团的考核和评比工作，评定星级社团，举办庆典、表彰会等，对表现优秀的社团组织予以表彰，通过此种形式来促进社团之间的良性竞争，激励社团开展自身建设，营造互相学习、互相帮助的良好氛围，实现社团在互动中发展。

2. 校际社团互动

大学生社团组织除了校内社团间的互动以外，还需要开展校外社团之间的互动，学习其他学校同类型社团的好经验、好做法，促进自身的进步和发展。社团可以通过相关的访问、交流、参观等形式进行互动，还可以通过开展相关的校际学术活动、比赛等形式，促进社团之间的互动，以达到强化交流、增进友谊的目标。

对所有和专业学习、学术科研有关的社团来说，还有一个校际互动的重要平台，那就是参加不同级别的科技创新竞赛——“挑战杯”活动，以作品参评的方式实现社团之间的互动。挑战杯是“挑战杯”全国大学生系列科技学术竞赛的简称，是由共青团中央、中国科协、教育部和全国学联共同主办的全国性的大学生课外学术实践竞赛，竞赛官方网站为www.tiaozhanbei.net。“挑战杯”竞赛在中国共有两个并列项目，一个是“挑战杯”中国大学生创业计划竞赛，另一个则是“挑战杯”全国大学生课外学术科技作品竞赛。这两个项目的全国竞赛交叉轮流开展，每个项目每两年举办一届。自1989年首届竞赛举办以来，“挑战杯”竞赛始终坚持“崇尚科学、追求真知、勤奋学习、锐意创新、迎接挑战”的宗旨，在促进青年创新人才成长、深化高校素质教育、推动经济社会发展等方面发挥了积极作用，在广大高校乃至社会上产生了广泛而良好的影响，被誉为当代大学生科技创新的“奥林匹克”盛会。挑战杯主要评比不同小组提交的作品，并给予相应的奖项等级。作为大学生社团，它是重要的课外科技联盟。其中科技创新类社团通过提交作品，在挑战杯平台开展校级、省级、国家级别的同台竞技，其他兴趣爱好型社团、理论学习型社团同样可以参加挑战杯，形式不局限于科技发明，相关的社科研究同样可以参赛。可以说，挑战杯赛事是实现社团校际互动的非常重要的平台。

（三）师生之间的互动

师生互动主要是指社团会员、普通学生和社团指导教师之间的互动，其主要表现形式是针对社团的指导行为。指导教师指导社团的过程包括参与制定社团章程、参加社团例会、开展社团骨干成员培训、指导社团活动过程、开展社团的考核与评价等。其中，对社团活动的指导和对社团骨干成员开展的专业培训是核心环节。另外，对社团的指导过程并非单向行为，而是双向的互动，主要包括指导教师对学生的信息传导、学生对指导教师的信息反馈等，最终实现社团在互动中良性运行、健康发展。

目前，为持续推进大学生社团的课程化改革，很多高校推出了社团选修课，即基于社团活动的课程。社团活动课程化与课程活动化成了社团师生互动的常规形态。我国高校在大学生社团课程化建设探索过程中，始终强调全员性、全方位、立体渗透的理念，这样有利于高校探索实现人才培养与校园文化建设和谐发展的有效路径。从高等教育发展的现实层面看，将社团活动按照课程模式进行规范化建设并实施管理，确实解决了以往大学生社团在运行过程中的诸多困难和棘手问题。例如，通过加大指导教师的工作力度，解决了社团活动缺乏系统性、专业性指导而导致的创新性不足的问题；通过采取学生的班级课程管理模式，解决了社团人员松散、活动参与连续性不强和人员不稳定的问题；通过有计划地运行课程，解决了社团活动缺乏系统性、整体性问题。可以说，这种互动体系的构建是目前高校大学生社团建设的重要成就。

（四）组织之间的互动

组织之间的互动是指社团和支持性主体之间的互动，这主要通过相关支持主体对社团的管理、服务支持过程中和社团对支持性主体的信息反馈过程中实现的。关于支持性主体与社团之间的互动，主要基于以下过程：

1. 基于对社团管理过程的互动

高校大学生社团组织的直接管理部门是校级共青团组织，简称为校团委。校团委将大学生社团纳入学校校园文化建设和第二课堂体系进行统筹管理，在这个过程中对社团下达管理指令，各社团向校团委报告、反馈日常情况和重大事项。另外，社团还通过学校社团联合会向上级团组织申请资金、场地、设备等条件，这也是社团和上级管理部门的基本互动形式。

2. 基于对社团评价过程的互动

校团委委托社团联合会对校级社团开展年度考核、注册等工作，评价社团活动的开展情况和取得的效果，各社团组织要报告上述事宜，提供相关数据、总结、报表、台账等支撑材料。校团委将大学生社团作为学校贯彻党的教育方针、持续推进人才培养模式改革的重要组成部分，以育人功能和活动成效为主要指标，以年度考核为主要方式，对大学生社团的活动开展和建设情况进行综合评估。同时，还把学生参与社团活动的情况作为课外拓展教育的重要内容之一，纳入学生综合测评体系中。从目前看，高校内上述过程的互动较为频繁。

3. 基于对社团激励过程的互动

校团委除了委托社团联合会对校级社团组织开展社团评价外，还定期对表现优异的社团组织、成效显著的社团活动、工作出色的社团负责人、积极参与社团活动的学生、成绩突出的社团指导教师和工作人员给予相应的表彰和奖励。校团委制定评比标准和评选要求，各类社团按要求报送材料，申报相关奖项。以表彰的方式激励社团发展，鼓励社团向优秀社团看齐，促进社团组织持续进步，这也是组织互动的重要形式之一。

4. 基于社团研究过程的互动

大学生社团是高校非常重要的学生组织，该群体组织具有一定的运行和发展规律，在整个高等教育体系中占有非常重要的地位。因此，这些规律、特点和所蕴藏的价值要善于总结、善于研究。此外，高校还组建以专家学者、专业指导教师和学生骨干为主体的大学生社团研究团队，持续关注和研究大学生社团发展过程中的新情况、新问题、新思想，及时掌握大学生社团工作的新动态，认真总结和把握高校大学生社团组织发展的规律和特点，从而为高校大学生社团的稳定运行和繁荣发展提供理论支撑。当然，各社团组织也要积极配合相关研究的开展，积极参与相关调研活动，如实提供相关数据材料，这种数据上的互动是开展高校大学生社团理论研究的重要过程。

第二节　新时代大学生社团活动的核心理念

大学生社团活动的本质是以满足大学生的兴趣爱好为前提，以促进大学生发展、丰富校园文化生活为目标，以完善人才培养模式为基础的，我们将从以下四方面对大学生社团活动的核心理念进行探讨。

一、自由与发展

作为大学生自发组建的具有自治属性的组织，大学生社团的根本特征是自由和发展。自由是大学生社团活动的灵魂，发展是大学生社团活动永恒的主题。诺贝尔经济学奖获得者阿马蒂亚·森认为："自由是发展的尺度和手段，发展的首要目标是实现人的自由。"从阿马蒂亚·森的观点出发来对应大学生社团活动，本书认为：大学生社团活动是以学生为中心的，在社团活动中，学生的发展的首要目的和发展目标是学生的内在成长，自由是促进学生发展的一种手段。

大学生社团活动的自由体现为社团主流思想和意识的自由以及社团活动组织的自发性和创新性。目前，很多高校及社团管理部门对大学生社团组织的管理过于统一和死板，为社团活动组织设置了错综复杂的条件和限制，缺乏灵活性和多样性，从而抑制了社团的创造性发展，泯灭了社团活动的色彩。正如陶行知先生所言："我们培植儿童的时候，若约束太过，则儿童形容枯槁；如果让他跑，让他玩耍，他就能长得活泼有精神。身体如此，道德上的经验又何尝不然。……所以遇了一个问题，自己能够想法解决它，就长进了一层判断的经验。问题自决得越多，则经验越丰富。若是别人代我解决问题，纵然暂时结束，经验却也被旁人拿去了。"[①]因此，要想让社团发展得更好、更加健康、更加富有激情和创意，

---

① 方明．陶行知教育名篇［M］．北京：教育科学出版社，2005：20.

就要给予社团足够的空间和自由。

大学生社团活动的表现方式是学生自己策划、自己组织、自己实施、自己管理。这样的自我管理社团活动的好处在于：第一，此类活动并非学校统一安排的，而是自己主动组织，没有强加思维，也就少了一些意识形态的色彩，让学生有充足的认同感；第二，有利于培养学生的担当精神和抗挫能力。例如，一个活动最初计划有上百人参加，但实际上只有区区几个人参加。出现这样的局面，并非校方组织不力，而是学生自身组织的失败。但在这个过程中，学生是要从失败中总结经验，并在总结经验的过程中不断提高自己的办事能力。这才是大学生社团活动组织开展的真正意义所在，起到了活动育人的效果。在大学生社团活动中，学生自己确定活动的方式、目标和内容，可以在一定程度上增强学生内生驱动力，会促使学生为丰富个人校园生活而努力奋斗、精诚团结。大学生如果在社团活动中享有自由的决定权和支配权，将推动他们以自己喜欢和希望的方式与人沟通、与人合作，共创美好生活。

促进学生全面发展永远是大学生社团永恒的主题和终极目标。大学生社团的发展包括社团中的个体成长和社团组织的可持续发展。大学生社团活动要协调好个人和组织的发展关系，既要使社团组织获得健康、稳定、可持续的发展，也要让参与社团活动的每个个体的潜能得到更大限度的发挥，不能让个体的发展阻碍社团组织的发展，更不能让社团组织的权限抑制个体的进步。社团组织发展的理想状态是个体在一个和谐、稳定、自由、团结的组织体系中能满足自身成长的需求，丰富自身的人生经验，提高自身的综合素养。在具体的生活状态中实施的教育才是真实的教育，才能使学生的创新意识、行动意识、探究意识得到很好的激发。社团组织中的群体生活方式，不但有利于个体之间的交流、合作与探究，更有利于个体经验的丰富、能力的提高和素养的提升。社团发展要思考的问题是社团主体、社团活动方式、社团制度和社团文化等因素。如何让社团活动中不同的主体发挥自身的价值和作用；如何创新社团活动方式，提高社团整体服务能力；如何加快社团制度化建设进程，构建积极向上、健康乐观的社团文化，是确保大学生社团组织能够可持续发展下去的重要因素。

二、学习与实践

社团活动是大学生学习和实践的一种独特方式，是大学生进入社会之前体验人情世故的准社会化组织。大学生社团组织的独特属性让学生在充分感受学校良好的学习生活氛围的同时，也可以提前体验社会生活的功利、复杂和无奈。因此，学习与实践是高校大学生活动的核心价值。

作为以相同兴趣而聚集在一起的学生社团，相同的爱好和兴趣是其共同的追求和目标。同时，不同个体之间的差异性促成了社团活动的丰富和多元。因此，作为这样一个特殊组织，既变革了传统的学习方式，又提供了具备另一种学习的可能性。首先，社团活动提供了同伴学习的资源，一群有着共同兴趣的学生在一起交流学习，他们学会的不仅仅是某一项技能，而是人与人沟通和交往的技巧和意识。保罗·佛莱雷说："只有通过交流，人的生活才具有意义。只有通过学生思考的真实性，才能证实教师思考的真实性。真正的思考，即是对现实的思考，不是发生在孤立的象牙塔中，而只能是通过交流才能产生。"[①]其次，作为一个兴趣共同体，社团活动为学生的自主学习、探究学习和合作学习提供了无限的可能。在这个兴趣共同体中，学生学会的不仅仅是知识，还有分工、合作、表达、倾听、参与、体验、反思等各种能力。

大学生社团活动是一群有着共同梦想和激情的大学生通过实践为自己开拓出来的生活领域。前面谈到，本书所指的"社团活动"侧重两个方面，一是"人类进行实践的日常活动"；二是"个体在实践中开拓出来的活动"。无论是哪种活动，都与主体的实践活动紧密相连，因此，实践是社团生活的另一本质特质。唐纳德·A.舍恩认为，实践包含了三个层次的意思：第一，在专业情景中的表现；第二，为专业表现而做的准备；第三，专业实践也包括重复这一元素。[②]社团活动的实践性理念也表现出了这三个特点，即在实践前的学习准备阶段、实践中的即时表现和不断重复的社团活动。借鉴舍恩的"反思性实践"理论，我们认为社

① ［美］保罗·佛莱雷．被压迫者教育学［M］．顾建新等译，上海：华东师范大学出版社，2001：28.

② ［美］唐纳德·A.舍恩．反映的实践者：专业工作者如何在行动中思考［M］．夏林清译，教育科学出版社，2007：62.

团活动的实践性至少体现在两个方面：一是社团主体是实践者，二是社团生活以实践为前提。

社团主体作为反思性实践者，在社团生活中，他们通过行动与反思不断地完善社团活动，在实践中不断地开拓出有价值的活动空间。只有通过实践，在实践中反思，社团主体才能有意识、有目标地建构出自己需要和满意的社团活动。活动是人类社会实践行为的产物，社团活动亦如此。要想使社团活动能够开拓出更宽广的生活疆域，就必须以实践为基础，通过实践活动培养学生的能力，提高学生的素质，增强学生的良好意识，更加贴近教育的本质。实践可以培养学生的动手能力和创新能力，可以有效检验学生的专业知识运用能力，让学生在实践中明确差距，增强主动学习的意识和动机。

三、行动与反思

大学生社团活动的价值在于通过行动让学生直面人生的幸福快乐，收获大学生活的丰富多彩。大学生通过社团活动中的行动与反思丰富人生阅历，充实大学生活，开阔眼界视野。因此，行动与反思是社团活动的基础。

汉娜·阿伦特认为，行动“是唯一不需要以物或事为中介的，直接在人们之间进行的活动。……复数性是人类行动的境况，是因为我们所有人在这一点是相同的，即没有人和曾经活过、正活着或将要活的其他任何人相同”[①]。“行动的人能够揭示自我，或者更具体地说，实际上在与他人的关系中揭示自我，是与他人一起、为了他人而进行活动和交谈（行动）。”[②]因此，行动是行动者在行动过程中“自我彰显”的活动，行动的过程本身就是目的，行动就意味着主动、开始和创新。“在每个行动中，行动者首先追求的是他自身形象的揭示……每个行动者从他的作为中收获了欢乐……又因为在行动中，行动者的存在得到了巩固，

---

① ［美］汉娜·阿伦特．人的境况［M］．王寅丽译，上海：上海人民出版社，2009：2页．

② 王寅丽．在哲学与政治之间：汉娜·阿伦特政治哲学研究［M］．上海：复旦大学出版社，2006：60.

所以欢乐必定随之而来……”[①]行动有三个要素：“一是有能够聚集在一起分享言行的民众，这是传播思想、宣传自己的主张并达成目标的基本条件；二是有试图把民众聚集起来并对他们的言行产生影响的愿望；三是行动者能够以自己的言行对民众产生影响，使其言行也发生所期待的变化。”[②]行动中的人与人之间是直面的沟通交流，它是有开端却无终点的无限敞开的活动状态，具有自由性、无限性、创造性和建构性的特点，行动的结果是不可预见的，过程是不可逆转的。因此，行动是社团活动的核心。社团活动的行动特征彰显了学生的个性，体现了学生的自主意识、开拓意识、创新精神以及合作能力。

唐纳德·A.舍恩认为“实践中反思”包括“实践中认识”（knowing-in-practice）的反思和对“实践的反思”（reflect on practice）。对“实践的反思”是实践者在实践的过程中，实践者试图提出和解决当时的问题，是对实践进行的思考和反思，即行动中的反思。舍恩觉得如果实践者的“实践中认识”（knowing-in-practice）变得非常内隐和自然时，实践就会趋于重复化、自动化和公式化，实践者就会缺乏思考和反思的能力。这时，通过在行动中的反思，实践者“能揭露和批判存在于一个专精化实践工作的重复性经验的内隐知识，而且如果允许自己去体验，他就能对情境的不确定性或独特性产生新的理解”[③]。在行动中的反思能够对实践产生新的认识和想法，进一步提高行动的效率。社团活动中主体行动的意识和能力，与其不断反思之间呈正相关。不断的反思会产生新的行动力。舍恩认为，行动中的反思更多的是与一些意外相关。“如果直觉的、自发的行为表现并没有带来意料之外的结果，那么我们通常不会花力气去思考它。但如果直觉的表现引发意外——不论是惊喜还是惊讶，还是不想要的意外，我们都会进行行动中反思……在这个过程中，反思的内容主要包括行动的结果、行动本身、隐含在行动中的直觉性认识，以及它们彼此的相互关系。”[④]行动的品质是以反思

① ［美］汉娜·阿伦特．人的境况［M］．王寅丽译，上海：上海人民出版社，2009：137.

② 刘旭东．教育的学术品格与教育实践［J］．教育研究．2015(9).

③ ［美］唐纳德·A.舍恩．反映的实践者：专业工作者如何在行动中思考［M］．夏林清译，北京：教育科学出版社，2007：62.

④ ［美］唐纳德·A.舍恩．反映的实践者：专业工作者如何在行动中思考［M］．夏林清译，北京：教育科学出版社，2007：45.

为前提的。

学生社团活动的行动与反思理念主要体现为活动过程中人与人之间的直面交流与沟通，行动是“为达到某种目的而不断地解决当下情境中所遇到的问题的过程，它以问题解决为导向并受其驱动，方法从属于目的”。行动的基础在于“人的主观能动性、通过人与人之间的沟通和交往达成其目的的活动，是一个与人的发展同步的过程”。[①]学生社团是从学生的共同言说和行动中产生出来的组织，其真正的生存空间存在于为了共同的兴趣志向而共同做事的学生之间，无论他们实际是哪里人，哪个院系，哪一年级，实际他们都是一个社团的人。行动是社团赖以生存的保障。社团活动中的主体都是行动者和实践者。社团活动的行动性建构了其生活的包容性和丰富性，使社团成了大学生学习和生活的重要实践领域。行动的价值在于其本身彰显着社团活动的内在价值和精神，通过积极的行动和反思，学生社团活动中的事件、现象、问题等彰显出教育的价值，促进学生的发展和成长。社团活动是学生以开放的精神状态建构的意义总体，每个人在其中都可以进行分享、交流和体验，在对社团生活的体验、感受、探究、领悟中探寻其价值和意义，感悟生活的意义和成长的快乐。

四、愿景与文化

社团愿景是社团活动的永恒追求，是主体的共同愿望。“愿景能够振奋精神，焕发生气，扩张激情，从而能够提升组织，使之超越平庸。”[②]因此，愿景是社团的努力方向和奋斗目标，具有凝聚人心、形成组织归属感的作用，树立社团的共同愿景能够提升社团活动的价值，并能调动社团人积极建构富有价值的社团生活。没有共同愿景，就没有社团健康向上的生活。圣吉认为：“愿景的源头并不重要，它得到分享的过程才是关键。”[③]“正被分享的愿景，需要不断的沟

① 刘旭东．论教学的行动性与教学理论创新［J］．课程·教材·教法．2015(2).

② ［美］彼得·圣吉．第五项修炼：学习型组织的艺术与实践［M］．张成林译，北京：中信出版社，2009：205.

③ ［美］彼得·圣吉．第五项修炼：学习型组织的艺术与实践［M］．张成林译，北京：中信出版社，2009：211.

通，大家不仅要自由表达梦想，还要学会如何聆听对方的梦想。”树立共同愿景有利于社团的良性发展。愿景的建构需要社团主体的共同努力，随着时间的流逝，社团的愿景需要不断地发展和完善，让一批又一批的社团人在继承中发展，在发展中创新。另外，社团的共同愿景需要有效实践的检验，在实践中通过创造、体验、行动等过程，不断充实和完善社团活动的目标要求，让愿景发挥引领社团生活方向的重要作用。

组织文化是组织内部经过长期的积淀而形成的特定的信念准则、行为习惯和规范意识，组织文化具有强大的功能，可以使组织成员形成身份认同感和归属感，可以使组织更有凝聚力和团结力，可以规范组织成员的行为习惯，可以指明社团的发展方向。对于社团组织来说，建构自己的文化，对扩大社团活动影响、提升社团活动质量是至关重要的。社团文化的建构要注重积淀延续和创新发展。一方面，社团在成立之初，有自己存在的使命和价值，在社团不断发展的过程中，积极继承和延续社团原初的信仰与价值，慢慢积淀社团的特色，有利于社团文化的形成；另一方面，随着时代的发展和社团主体的不断变更，社团需要体现与时俱进的理念，以满足新时代大学生的不同需求。在这个过程中，社团需要不断凝练自身特色，建构自己的文化属性。因此，社团一方面要延续和积淀文化，另一方面要创新与发展文化。

第三节　新时代大学生社团活动的基本特征

大学生社团是高校内大学生自发成立的学生组织，为学生的个性化成长和教育提供了无限可能。大学生社团活动超越了严格的学科界限和系统缜密的学生知识结构，致力于有效地培养和发展大学生发现问题、提出问题、设计规划和解决问题的能力，推动学生学习方式和生活方式的有效转变，有利于学生对自然、对社会的了解和参与，有利于建构新的学习方式，培养学生的实际动手能力、创新思维、创造精神、高尚情操和正确的社会主义核心价值观。因此，社团活动是高校满足广大学生个性化需求、实施个性化教育的必然选择，是学生自主选择、自我教育的场域。大学生社团与其他学生组织以及其他形式的课外活动相比，既具有一般课外活动的共性，又有与其他形式的课外活动不同的个性，这些个性特征是大学生社团活动独一无二的品质，也是大学生社团活动的基本特征。

一、自主性

自主性是大学生社团活动的基本属性。大学生社团是基于学生个人兴趣和爱好而自觉活动的结果。一方面，从社团最初的产生和形成来说，具有自主性的特点。社团负责人本着个人自愿和参与热情，自发地组建了社团组织，并自愿承担起了相应的责任和义务；社团会员在认同并接受的基础上，基于满足自身某方面的需求而自愿加入社团组织中，实现自我价值，提升自我能力。因此，从社团形成的角度来说，自主性是社团组织的基本特征；另一方面，从社团生活的内容来说，其存在形态也具有自主性的特点。社团活动是大学生依据社团组织在实践中开拓出来的日常生活领域，与学生的日常生活是融为一体的。学生想要什么样的大学生活，就会主动地、自愿地策划相应的社团活动来满足自身的需求，实现自我的发展。

兰德曼认为，“人必须自我完成，必须自我决定进入某种特殊的事物，必须凭借自身努力力图解决自身出现的问题”[①]，这是社团活动中主体自主性、能动性、创造性的基本源泉。社团主体需要在“发展过程中可以做出自主而且自觉的选择，并且通过自己的活动和自我塑造，使现实的自我向期望的自我转化，从而获得自我的发展”。[②]活动是社团生活存在的基础和灵魂，社团的特点与风采都是通过形式多样的活动体现出来的，社团活动以充分尊重学生的兴趣、爱好和能力为前提，为学生自主性的充分发挥开辟了广阔的空间。在社团活动中，学生自己选择活动的方式、活动的主体，自己决定活动呈现的形式，

① ［德］米切尔·兰德曼．哲学人类学［M］．彭富春译，北京：工人出版社，1998：246.

② 王道俊、郭文安主编．教育学［M］．北京：人民教育出版社，2016：31.

充分发挥了学生的想象力和创造力，体现了学生在社团活动中的地位和作用。在社团活动中，学生是实践主体，也是自我发展主体，社团活动就是学生开辟了一个自主学习、自主实践、自主发展的空间。在社团活动中，学生发挥着重要的作用，通过与同伴之间的交流与影响，体现了参与性、实践性、生活性、体验性和情境性等特点，这些特征彰显了学生在社团活动中的主体性地位，具有能动性和创造性。

基于学生自主、自觉地建构起来的社团活动，是以学生为中心的，重视学生经验的多元性与差异性，蕴涵着丰富的自主性意蕴。首先，社团活动是与学生日常的学习生活紧密相连的，没有脱离开学生的生活领域，具有生活性；其次，社团活动发挥了每一位学生的主观能动性，促进了每一位学生的发展，具有发展性；再次，学生在社团活动中体验到了生活的乐趣，激发了自己的潜能，享受了生命的价值，具有生命性；最后，学生在社团的开创性活动中体验到了自身存在的意义，实现了自我价值，具有超越性。总之，学生社团活动的自主性特征体现了教育的根本目的和意义，强调以学生为中心，强调学生对知识的主动探索、主动发现和对价值意义的主动建构，教育就是要培养具有主动意识、创新精神和积极参与、善于合作、乐于奉献的新时代有志青年。

二、活动性

活动性是大学生社团活动的关键。学生社团活动面向的是学生的整个生活世界，关注学生的生活体验和个性化的创造性表现。学生社团生活主要是围绕丰富多彩的社团活动而展开的。因此，活动性是社团生活最重要的表现形态。活动是主体性发展的先决条件。“人只有通过活动，才能对外部的客观世界发生作用，才能主动去认识和改变客观现实，并在这一过程中改造、发展、完善自身；活动是主体存在和发展的方式，是主体发展的决定性因素。”[①]

活动性的特点在于能够重视个体的兴趣、需要、能力和阅历，以及个体在学习中的自我指导作用与内在动力；注重引导个体从做中学，通过探究、交往、

① 应道水．主体性教育的理论与实践［J］．江西教育科研．2004(11).

合作等活动使个体的经验得到改组与改造，智能与品德得到养成与提高；强调解决问题的动态活动的过程，注重社团生活过程中的灵活性、综合性、形成性，因人而异的弹性。①因此，社团生活活动性的特点是能够调动学生学习的积极性、自主性和创造性，提高学生处理各种实际问题和适应社会生活的能力。从个体发展的角度来看，社团活动是促进学生成长和发展的重要形式，是学生建构生活方式、体验生活意义、实现生命价值的过程，它的目标是把学生培养成个人生活的主体。社团活动强调学生的亲身经历和体验，要求学生积极参与到各项活动中去，在“做”“行动”“实践”“反思”等一系列过程中发现和解决问题、体验和感受生活，培养实践能力和创新能力。在社团活动中，学生是一个真实的生存、生活和发展着的主体，是一个不断地追求着自己的生活意义和生命价值的主体。②

社团活动是从学生的真实生活出发，从学生自己感兴趣的领域出发，唤醒学生的生命意识，引导学生自主地建构生活方式，自主地思考并规划自己的人生道路，让学生在活动过程中体验生活、发现自我、获得成长。事实上，越是学生主动发现、自觉设计的活动越是能够让学生的体验深刻，越是能够发挥社团活动育人的功能。社团活动的理念就是要坚持学生的自主选择和主动探究，为学生个性的充分发展创造空间、提供条件。多样化的活动方式可以满足学生的个性化、多元化的需求，使学生在活动过程中获得更丰富、更深刻的人生体验。

三、共享性

大学生社团活动是学生在追求共同兴趣和爱好的前提下所形成的组织，主张联合、平等、集体的共同体行为。社团生活的性质和成员构成决定了共享的价值，具体包括愿景的共享、权力的共享、兴趣的共享、身份的共享和资源的共享。

在学生社团活动中，每一位成员都平等地享有参与社团生活、体验社团生活的权力，社团生活关注权力的共享。社团活动是全体会员共同参与、积极交往、

---

① 王道俊、郭文安主编．教育学［M］．北京：人民教育出版社，2016：130.

② 王攀峰．教学活动的本质：一种特殊的生活过程［J］．课程·教材·教法．2009(10).

相互交流、共同合作的生成过程。在学生社团中，虽然有社长、副社长、部长、副部长、委员、会员等职务、级别和角色之分，但社团活动更强调民主与合作的平等意识。社团活动不会因为在社团生活中扮演不同的角色而受人褒贬、招致非议。社团生活给予每一位会员自由发展的空间，社团生活中的每一位会员都平等地享有一定的权力，虽然发挥着不同的作用，但却建构着相同的价值，实现着相同的梦想。

大学生社团是以兴趣为链接纽带而形成的学生组织，兴趣是其形成和存在的前提和基础。学生社团活动领域的开拓是建立在社团会员共同的兴趣之上，会员之间相同的兴趣使他们形成了强有力的合力，建立了亲密的关系，形成了相互学习、相互支持、共同进步的精神力量。兴趣共享在社团活动中尤为重要。这种兴趣的共享，为社团活动凝聚了稳定的发展空间，为社团会员提供了宽松、自由、温馨的生活环境。由兴趣而形成的凝聚力，使会员能够共同面对社团活动中的任何困难和问题，共同解决社团活动中的矛盾与冲突。因此，兴趣共享的价值在于为社团会员找到精神上的伙伴，在与同伴的交流合作中，会员在理解他人的同时，自身也会获得长足的进步，实现了对教育价值和生命意义的领悟。

社团活动中个体间的彼此悦纳和对社团组织的依赖是社团存在的基础，社团活动中的会员经过一段时间的相处、交往和实践，形成了深厚的友谊和身份认同，有了我们社团、你们社团、他们社团的区分，形成了“我们社团”的身份认同、行为习惯、规范意识和价值观念，在意识领域里形成了强烈的归属感和认同感。从社会学的角度看，“身份是由一系列自我观点组成的，这些自我观点是在特定的群体或角色中，通过自我归类或在认同的基础上形成的”[①]。身份共享蕴涵着对社团会员个体身份的尊重和认同，对社团活动方式的肯定和认同，这有利于社团的团结和良性发展。

学生社团组织成员的“学生”身份，致使其使用相关资源受到了很大的局限。在社团活动中，为了创造更有价值、更具影响力的社团活动，资源共享是社团活动的必然选择。社团活动中的资源包括人力、财力、物力等。具体而言，社团指导教师的聘请、资金的募集、活动场地的协调、活动过程的设计与监督、活

① 吴小勇．身份及其相关研究进展［J］．西南大学学报．2008(5).

动后期的总结和反思等环节都会涉及资源的共享与使用。社团活动资源共享的意义在于使社团与社团之间形成了友好互助的社团情谊，培养了社团个体协调沟通的能力，实现了社团活动社会化的功能。

四、生成性

雅斯贝尔斯说："教育活动关注的是，人的潜力如何最大限度地调动起来并加以实现，以及人的内部灵性与可能性如何充分生成。质言之，教育是人的灵魂的教育，而非理智知识和认识的有关堆积。"[①]生成是指事物不断超越以前存在状态的过程。事物的规律是在发展过程中变化生成的，并不是既定的。[②]生成性关注的是事物发展的非预设性、过程性、多元性、差异性、创造性等。生成性本身体现的就是一种创造性。社团生活的表现方式是各种各样的活动，社团活动的生成性主要是在活动的过程中通过具体的情境体现出来的，它强调的是在过程中关注学生的多样性、潜在性和可能性。"人永远不会变成一个成人，他的生存是一个无止境的完善过程和学习过程，人和其他动物的不同点主要就是由于他的未完成性。"[③]社团活动的生成性在于其活动过程为学生的成长提供了创造性的空间，这种成长包括学生的认知和能力、经验与意识、思想与价值观等方面的不断发展、完善和成熟。

生成性是社团活动的价值体现。社团活动是以学生的发展和需求为根本出发点，以平等交往为手段，在活动过程中彰显出生成性特征的。按照怀特海的理解，所谓过程，就是事物各个因素之间在时间上和空间上构成的联合体而进行的内在的、复合的运动。[④]社团活动就是一个过程，它关注的是在过程中参与的人和发生的事，注重这些事件的教育价值，充分利用情境性的事件来建构真正符合

---

① [德]雅斯贝尔斯.什么是教育[M].邹进译,北京:生活·读书·新知三联书店,1991:32.

② 罗祖兵.生成性教学及其基本理念[J].课程·教材·教法.2006(10).

③ 联合国教科文组织国际教育发展委员会编著.学会生存——教育世界的今天和明天[M].华东师范大学比较教育研究所译,北京:教育科学出版社,1996:196.

④ 郭元祥.论教育的过程属性和过程价值[J].教育研究.2005(9).

学生需求的活动环境，促进学生的发展和成长。用社团人自己的话说就是：“社团活动主要是一个交往的过程，在活动的组织中会形成社团的凝聚力、默契度、拉近会员之间的关系，能交到更多的好朋友；可以发现更多有特长的人，以各尽其才。”“教育过程的本体意义就在于过程的生成性。对任何一种教育活动而言，过程总是现实的、真实的、及时的、当下的，总是教育要素在特定情境中、在时空上的意义联结。”[①]但是，“教育过程不是横亘在教育目标和教育结果之间的中介或形式，而是影响教育活动的性质和价值，直接导致现实的教育结果的教育实在，是教育目标达成并拓展的必由之路。教育过程不是形式，而是教育活动本身，教育目标与教育结果不是一种线性关系，二者不是教育活动中清晰的起点和明确的终点，教育的过程对于教育目标和教育结果而言，其根本意义在于转化和生成”[②]。基于此，社团活动的生成性包括目标的生成性、功能的生成性和结果的生成性。

社团生活中的每个活动都是一个独立的过程，其目标就蕴涵在过程当中，过程伴随着众多的变数和未知。“体验、顿悟、灵感等为超越预设性的教育目标提供了现实的基础”[③]，离开了过程就无法实现目标。杜威认为“教育的过程是一个不断改组、不断改造和不断转化的过程”[④]。如果没有教育过程，就不可能有教育目的，过程就是社团活动存在的方式和表现的形式，社团活动的过程就是学生成长的过程。但是，社团活动的过程不仅仅表现为活动的环节、程序和阶段，而且是社团生活中的主体（学生）围绕活动的核心命题，在开放的活动情境中，通过主体之间的交往和交流，实现学生认知、情感和价值观的发展，从而实现目标的生成。

社团活动由于主体的多元性和活动情境的复杂性，以及主体之间交流与合作的升华，活动的过程充满着未知和不确定因素，充满着无法预知的价值和意义，这些无法预知的“价值和意义”就是社团活动为学生提供的原生态的成长营养，

① 郭元祥．论教育的过程属性和过程价值［J］．教育研究．2005(9).

② 郭元祥．论教育的过程属性和过程价值［J］．教育研究．2005(9).

③ 郭元祥．论教育的过程属性和过程价值［J］．教育研究．2005(9).

④ ［美］约翰·杜威．民主主义与教育［M］．王承绪译，北京：人民教育出版社，1990：54.

是社团活动功能之所在。“教育的过程总是充满着生动性、具体性、丰富性和开放性的活动方式和活动事件，这正是教育的过程彰显价值的基础。”[①]只有充分认识社团活动里的这种“过程功能”，学生的创造精神和实践能力、个性发展才有可能实现，学生自治作用才会有效发挥。

在社团活动的目标和结果之间就是社团活动的过程。目标的生成性和功能的生成性也使其活动的结果具有了生成性。社团活动的结果不是指一个活动的结束或预设的确定性结果，而是指活动过程的结果，是社团主体在活动情境中围绕某一主题而拓展和衍生的生成性结果。在活动的过程中，通过主体与主体、主体与客体之间不断的交往和作用，便会产生新的体验、新的感觉、新的经验和新的价值，这就生成了新的结果。生成性是社团活动的价值所在，是学生个性化、全面化发展的基本方式。社团生活的生成性特征彰显了社团存在的价值和意义，凸显了社团的重要地位和作用。

---

① 郭元祥．论教育的过程属性和过程价值［J］．教育研究．2005(9).

第四章 大学生社团建设的必要性

新时代高校大学生社团建设是在特定的理论指导和时代要求下开展的。习近平新时代中国特色社会主义思想、马克思主义理论以及多学科的理论基础构成了大学生社团建设的理论来源；人的主观能动性和社会性则成为大学生群体参加社团组织活动的理论前提。新时代大学生具有融入社会群体生活并在其中满足自身需要的现实诉求，而高校大学生社团组织正是展现大学生社会群体性和自主性的重要平台。同时，随着中国特色社会主义进入新时代，高等教育持续深化改革，要求高校要构建全新体系的人才培养模式，以培养适应新时代发展的中国特色社会主义新型人才，这对高校大学生社团建设同样提出了新的要求。

第一节 大学生社团建设的理论意义

理论是实践的指导，高校大学生社团建设是建立在科学的理论基础之上。习近平新时代中国特色社会主义思想和马克思主义理论是大学生社团建设的总指南，为大学生社团建设提供了方位、指明了方向。相关学科的理论知识是大学生社团建设的重要理论来源，为大学生社团建设提供了方法论支撑。

一、马克思主义关于人的本质理论

马克思指出："人的本质不是单个人所固有的抽象物，在其现实性上，它是一切社会关系的总和。"[①]社会性是人的本质属性，这是人与动物的重要区别之一。人的社会性表现为人们之间具有社会性的交往活动，这种交往活动既是社会生产的需要，又是人实现自我完善和发展的需要。人只有在不断与他人的交流、交往和互动中，才能不断获取自身发展所需要的物质和能量，才能推动社会的不断发展和进步。在现代社会，完全孤立的个人是不存在的，随着交通和通讯技术的快速发展，尤其是互联网+技术的广泛应用，人们跨越时空的联系和交往越来越频繁，而人类自身的社会性也越来越得到彰显。

高校大学生社团组织是大学生社会交往和社会关系形成的重要场所，是大学生实现人的自我本质的重要表现形式。在社团组织中，大学生通过社团组织活动和社团日常管理，相互之间结成一种联系紧密的合作交往关系，这种关系对于社团成员尤为重要。大学生在学校除了同学之间的交往之外，还有更广泛的社交需要，在一定程度上反映了青年人身体和心理正常发展的规律。高校大学生社团组织拓宽了大学生的社交领域，为大学生开展社交活动、增进同学友谊提供了重要平台。高校大学生社团组织建设，是马克思主义关于人的本质理论的外在体现。

二、马克思主义社会组织理论

马克思主义经典作家关于社会组织的思想论述是高校大学生社团建设的重要理论基础。马克思、恩格斯认为"社会组织在一切时代都构成国家的基础以及任何其他的观念的上层建筑的基础"[②]，指出了社会组织在国家和社会中的重要地位。马克思主义经典作家从无产阶级解放学说、工人阶级组织理论以及组织广大

---

① 马克思恩格斯选集：第1卷[M].北京：人民出版社，2012：139.

② 马克思恩格斯选集：第1卷[M].北京：人民出版社，2012：211.

群众的革命实践中，不断丰富和发展马克思主义社会组织理论，夯实了高校大学生社团建设的理论根基。

马克思主义社会组织理论是建立在唯物史观基石之上的。根据马克思主义唯物史观基本原理，社会组织是商品经济发展到一定历史阶段的产物，它有着深刻的经济根源。社会组织的性质和特征是由经济基础决定的，在不同的经济社会形态中发生不同变化。马克思指出，社会组织在现代社会是随着市民社会内部分工创造出来的新利益集团[①]，是为了抗衡压迫阶级、保护自身利益的有效途径。早期资本主义社会成立的各种形式的社会组织成为资产阶级联合其他被压迫阶级打击封建专制制度的工具；后期资本主义社会由无产阶级成立的工人组织成为推翻资产阶级、实现自身解放的重要组织形式。

社会组织是实现人的自由发展的重要组织形式。马克思、恩格斯在《共产党宣言》中指出："每个人的自由发展是一切人的自由发展的条件。"[②]大学生社团建设离不开马克思主义关于人的自由全面发展理论的指导。大学生社团是由相同兴趣爱好的大学生组织起来的学生组织，因而大学生社团成立的初衷就是为了满足大学生个性发展的需要，通过参加社团活动，不断提升自身各种能力，从而实现大学生自身的全方位发展。根据马克思主义理论，人的发展包括人的类特性的发展、社会性的发展和个性的发展，只有实现这三个层次的发展，才能真正获得人的自由全面发展。大学生社团建设与人的全面自由发展理论相契合，只有始终坚持这一理论，才能保证大学生社团建设不偏离方向。

社会组织也是实现了人的社会价值和个人价值相统一的组织形式。马克思主义认为，除了自然属性，人还具有社会性，社会性是人的本质属性。作为一种复杂性的社会动物，人自身兼具了社会性和个性，并实现着社会价值和个人价值的统一。社会价值即人对整个社会的意义，个人价值即人对自身需要的满足。大学生社团建设离不开马克思主义关于人的社会价值和个人价值相统一理论的指导。大学生社团建设，一方面在于帮助大学生习得知识、提升技能、满足需求，另一方面在于为国家培养并提供所需要的高素养人才，大学生社团建设实现了社会价值和个人价值的统一。因而，对于大学生社团建设的研究，要坚持社会价值和个

① 马克思恩格斯选集：第2卷［M］. 北京：人民出版社，2012：409.

② 马克思恩格斯选集：第1卷［M］. 北京：人民出版社，2012：422.

人价值统一理论的指导。

三、马克思主义关于培养接班人理论

“无产阶级革命事业接班人”思想萌生于共产主义同盟时期，明确提出于苏联斯大林时期，在马克思中国化过程中获得了新发展，逐步成为马克思主义理论的重要组成部分。①接班人指的是具有坚定的共产主义信仰，并为中国特色社会主义事业和共产主义事业奋斗终身的广大青年和党政干部。培养中国特色社会主义事业的建设者和接班人，一方面是为了确保让我们的党永不变质、永不变色，始终沿着中国特色社会主义道路前进；另一方面是为中国特色社会主义建设事业提供充分的人才保障，增强社会主义发展的内在驱动力。高校大学生社团是培养中国特色社会主义事业合格建设者和可靠接班人的重要阵地，能够为建设社会主义现代化强国输送高质量人才。

中国共产党的接班人思想大致经历了五个时期：从1921年中国共产党诞生到20世纪50年代初期，这是中国共产党的接班人思想的酝酿期。在这一阶段，虽然没有正式采用“接班人”这一概念，但是间接采用“先锋队”“继承人”“后备军”等词汇，这是党的社会主义接班人思想的萌芽期；从20世纪50年代中期到60年代中期，明确提出了接班人这一概念，党的接班人思想雏形初现；改革开放初期，随着市场经济体系的不断完善，提出了接班人培养的新思想；20世纪90年代以来，接班人制度化建设更加深入，接班人思想趋向成熟。

高校大学生社团建设离不开马克思主义关于意识形态理论的指导。马克思、恩格斯在《德意志意识形态》中指出：“统治阶级的思想在每一时代都是占统治地位的思想。”②任何社会都需要一定的主流价值观念来引导人们的思想，以增强人们对该社会的认同感和凝聚力。习近平总书记强调：“培养什么人，是教育的首要问题。”③高校大学生社团建设不是“自由”建设，而是在党的领导下开展的有利于大学生健康成长、有利于培养社会主义时代新人的育人行动。高校大

① 马鑫，李占才．中国共产党接班人思想的发展与演化[J]．河南社会科学，2015(2).

② 马克思恩格斯选集：第1卷［M］．北京：人民出版社，2012：178.

③ 习近平．在全国教育大会上的讲话［N］．人民日报，2018-9-11（01版）.

学生社团建设蕴含着内在的思想政治教育功能，通过寓教于乐的方式将立德树人理念和人才培养要求渗透于社团活动当中，在潜移默化中提升大学生的政治意识、理论基础、思想水平和道德修养。

四、思想政治教育载体理论

思想政治教育载体，指的是“在思想政治教育过程中，能够承载思想政治教育内容，传递思想政治教育信息，促使思想政治教育主客体之间相互作用的活动形式或物质实体”。[①]思想政治教育载体形式多样，如语言、文字、会议、谈话、报告、三微一端、课堂学习、实践活动等，都是思想政治教育载体的表现形式。思想政治教育载体对于传播思想政治教育内容、促进思想政治教育主客体互动、提升思想政治教育效果具有重要作用，是联结教育者和受教育者的重要桥梁，更是思想政治教育过程的重要环节。

与思想政治教育其他环节和要素相比，思想政治教育载体具有自身的特性。一是方向性。思想政治教育具有很强的意识形态性，它反映了一定阶级的阶级意识和思想观念。因此，思想政治教育载体同思想政治教育主客体、思想政治教育内容一样，都带有一定的阶级属性和意识形态属性。思想政治教育载体在我国这样一个具有新时代中国特色社会主义的教育大国里，代表的是无产阶级广大人民群众的思想意识，是人民群众加强自身思想教育、促进自我革新和自我教育的利益诉求的现实反映，具有鲜明的阶级指向性；二是实践性。思想政治教育载体理论是在思想政治教育实践过程中形成的，并且随着思想政治教育实践的发展而不断变化。同时，思想政治教育载体对思想政治教育实践也产生着重要影响，它在一定程度上指导着思想政治教育实践；三是时代性。思想政治教育载体的时代性来源于其实践性，正是在实践基础上，思想政治教育载体才能够与时俱进，并随着时代发展和环境变化而不断改变其自身形式。如思想政治教育的网络载体、思想政治教育的社团载体等，都是具有新时代特点的载体形式。

大学生社团是高校思想政治教育的组织载体，在高校大学生思想政治教育体

① 张耀灿等．现代思想政治教育学［M］．人民出版社，2006：392.

系中发挥着重要功能。大学生社团的思想政治教育功能主要表现在对大学生的隐形教育和渗透教育。在大学生社团组织管理和社团活动开展过程中，通过将思想政治教育内涵和理念渗透其中，让大学生在接受组织者引导、共同参与的过程中接受教育信息，潜移默化地受到教育。

五、多学科的理论来源

在高校大学生社团建设过程中，除了马克思主义理论指导之外，相关学科理论也为其提供了强有力的理论支撑，其学科基础主要体现在教育学、管理学、组织社会学等学科的相关理论上。

教育学的理论基础。学生发展理论构成了大学生社团建设在教育学中的主要理论来源。学生发展理论涉及大学生培养以及大学生成长成才的方方面面，它是在具体的学生教育和管理实践中逐步形成的。学生发展理论多从学生的认知、心理、情感、道德以及所受环境影响等角度关注学生的成长和发展问题，如皮亚杰的认知学派、埃里克森的社会心理学派、班宁等人的环境影响学派对学生发展理论都有一定的影响和贡献。学生发展理论为大学生社团建设提供了重要的理论支撑，有助于发挥大学生自身在社团建设和管理中的主体作用，尊重大学生成长规律，更好地促进大学生成才成长。

管理学的理论基础。管理学是一门体系庞大、内容丰富的学科系统，它为高校大学生社团建设提供了丰富的理论资源，如自组织理论、目标理论、愿景理论等，夯实了高校大学生社团建设的理论根基。自组织理论指的是某一系统是基于自身因素而形成的，而与外界的控制因素关联较少。作为一种自组织形式，大学生社团如何组织并管理好自身，自组织理论能够给予其有益的启发；目标管理理论强调目标在组织管理中的重要性，组织要围绕目标来开展各项工作，包括任务的设定、过程的监督、事后的奖惩等，都要基于组织目标来实施。目标管理理论应用于大学生社团建设，就是要充分发挥社团目标在社团建设中的重要价值，在社团管理中要关注学生自身、目标体系以及结果等核心要素，充分调动起大学生在社团中的积极参与性；愿景理论更加强调组织成员自身的潜力和主动性，主张采用引导而不是控制的方式激发组织成员自身的激情与活力，这与高校大学生社团的自组织性质相契合，将这一理论运用于大学生社团建设当中，能够最大程度地调动大学生自身的主观能动性和积极性。

组织社会学的理论基础。组织社会学是研究社会组织的结构、运行、发展规律的科学。从制度化程度上分类，社会组织包括正式组织和非正式组织，高校大学生社团属于非正式组织的类别，组织社会学理论也同样适用于大学生社团建设。组织要素分析和组织系统运行是组织社会学理论的两大核心，对于大学生社团建设的指导意义非凡。组织要素包括组织目标、组织成员、组织结构、组织文化等内容，组织系统运行包括目标制定、方案选择、目标实施、过程控制、结果评价等环节。大学生社团作为一个组织系统，充分吸收并利用组织社会学的相关理论，尤其是组织要素理论和组织系统理论，对于保持大学生社团自身的良性运行，维持好与社团外部环境的关系，实现社团管理目标具有重要的理论价值。

第二节　大学生社团建设的现实依据

新时代高校大学生社团建设具有一定的现实性，它是依托于国家治理现代化体系、高校大学生管理的引导性和新时代大学生的群体特性而进行的。通过分析国家治理现代化体系、新时代大学生群体特性以及高校大学生管理特点，持续筑牢新时代高校大学生社团建设的现实基础。

一、助推国家治理现代化的现实要求

党的十八届三中全会提出，推进国家治理体系和治理能力现代化。这是一个在社会主义发展史上和实践中并没有解决好的重大课题。推进国家治理体系和治理能力现代化既是全面深化改革总目标的重要内容，又是中国特色制度模式的基本内涵。纵观世界上一些发达国家，它们实现国家现代化的过程其实就是不断推

进国家治理现代化的过程。国家的现代化与国家治理的现代化密不可分，国家治理的现代化是国家现代化的先导，国家现代化的实现离不开国家治理体系和治理能力的现代化。实现国家治理现代化，实质上就是要实现制度现代化，这就要求社会各项事务走上制度化、规范化和程序化的轨道。推进国家治理体系现代化，就是要为社会发展的良性运转提供一套完善、成熟的制度保障，使社会发展有法可依、有规可循；推进国家治理能力现代化，是要求国家各项制度能够高效、顺畅地贯彻执行下去，这背后实质上体现的是国家执政者的制度执行能力。

国家治理现代化体现在国家、社会和个人等各个层面。作为执政党，中国共产党是国家治理体系的顶层设计者和构建主导者，把控国家治理的发展方向和总体格局。要想实现社会各个层面的有效治理，就需要社会每个组织在坚持党的路线、方针、政策的前提下，更新观念，调整思路，不断完善治理制度，创新治理体系，改进治理方法，提高治理效能。社会治理是一项"大工程"，也是一项"系统工程"，需要在坚持科学谋划、总体布局的基础上，将这项"大工程"和"系统工程"的每个环节、每个细节做好，夯实基础，这样才能有效助推国家整体治理现代化的实现。从这个意义上来讲，加强高校大学生社团建设，实际上是落实国家治理现代化总体目标的重要体现，也是推进国家治理现代化整体进程的现实要求。

实现高校大学生社团治理的现代化在一定程度上将有助于推进国家治理现代化目标的实现，这也是国家治理现代化的内在要求所在。实现高校大学生社团治理的现代化，就必须持续推进高校大学生社团运行的制度化和规范化进程，并按照一定的制度和规范来建设、发展高校大学生社团。一方面，要保证高校大学生社团组织在制度框架内规范运行，以避免社团的组织、管理和活动的开展出现盲目性和随意性；另一方面，要强化高校大学生社团成员的规矩意识，要让其自觉养成法治思维。同时，要将大学生社团建设和发展有效纳入高校人才培养体系，并将其制度化规范运行，为国家持续深化人才培养模式改革提供实践依据。

二、顺应大学生群体成长规律的现实要求

第一，新时代大学生群体具有社会性的特点。大学生是社会性群体，其自

身所有活动必然是在社会中进行的，开展、参与社会活动是大学生群体的正常需要。对于大学生个体来说，其个人活动过程与整个社会密切关联。大学生个体不能脱离社会而单独存在，其衣、食、住、行等都依赖社会供给。大学生是自主学习的主体，在学习过程中必然要与领导、老师、同学、朋友产生交集，从而衍生出相应的上下级关系、师生关系、同窗关系、朋友关系等形形色色的社会关系，构成了一支庞大的社会关系网络。大学生在这样的社会关系网络中，通过参加具体的社会实践活动，来实现自身的社会化功能，使自身从一个自然人逐渐蜕变和升华为一个完善的社会人。人的社会性往往是在组织生活中得以体现的，人是社会性的动物，人们的生活不是各自孤立的行为，而是在交往互动中实现的，人们的交往一般是在"组织"范围内进行的，参与组织生活，一方面能够满足人的各方面需要，另一方面使人更有归属感。如加入学校、企业、社区等社会组织，满足了人们的社会生活需要，加入政党、政府组织，满足了人们的政治需要。组织生活是社会生活的重要载体，通过参与组织生活，人们的相关社会性需求得以实现。

大学生群体自身的社会性也是通过参与各种社会性组织而展现出来的。作为自发性的人，大学生个体只有被组织起来，才能认识到其自身所肩负的历史使命；只有在组织中得到锻炼和成长，大学生群体才能成为推动社会向上、向前发展的生力军。学校、党团组织、班级等属于正式组织，这是大学生成长成才的母体和摇篮。大学生在正式组织中习得知识、提升道德、掌握本领、遵守规矩、增长才干，为将来担当国家重任储备知识和力量。大学生社团是高校的非正式组织（相对于层级严格的行政组织而言），对于推进大学生社会化、满足大学生自身发展发挥着重要作用。在促进大学生社会化方面，大学生社团为大学生实现知识技能社会化、政治社会化、道德社会化、行为角色社会化提供了重要组织平台和"演练"场地，成为大学生步入社会的中介和过渡。

第二，大学生群体具有自主性的特点。自主性指的是主体能够自由支配自身行为和活动的特性。人的自主性的发挥一方面要求主体能够意识到自身具备自觉能动的能力，另一方面还要求主体在实践中能够有意识地去改造自身和社会。"现实中的人"是马克思主义唯物史观的重要论断，认为"人不是处在某种虚幻的离群索居和固定不变状态中的人，而是处在现实的、可以通过经验观察到的、在一定条件下进行的发展过程中的人”。[①]现实中的人的活动具有实践性和能动性，人们能够根据自身的需要来认识世界、解释世界和改造世界，同时也改造着人类自身，使自身和整个社会不断得到完善和发展。人具有双重属性，即自然性和社会性，人的自然属性使人类能够敬畏自然、遵从规律，人的社会属性使人能够发挥自身的主体性力量，从而更好地改造自然、改造社会和改造自身。

第三，在社会现实中，大学生是具有主观能动性的人，普遍具有通过组织表达意愿的思维意识。培养国家所需要的高素质人才，促使大学生成为中国特色社会主义事业的合格建设者和可靠接班人，归根到底要回归到大学生自身，要充分调动大学生自身的积极性和主动性，依靠大学生内生动力和自觉性来提升自身、完善自身。要充分调动大学生的主观能动性，积极为大学生提供充分展示自我的平台，努力保障大学生实现自我管理、自我教育、自我服务和自我监督。同时，学校相关管理部门要对大学生的自主活动进行积极、及时、正确的引导，将二者有效结合，形成自立与他立、自我教育和学校教育的有机统一。

新时代大学生群体的心理需要和现实需求是影响大学生积极主动性发挥的重要因素，而高校大学生社团组织正好契合了大学生群体的多种现实需要。马斯洛需要层次理论认为，人的需求从低到高分为生理需要、安全需要、归属与爱的需要、尊重需要和自我实现需要。[②]对于具备较高专业知识水平和文化素养的大学生群体来说，诸如生理需要、安全需要等较低层次的需要并不是其在校园中最迫切的需要，该群体较为重视的是心理归属、人际沟通、相互尊重以及自我实现的需要，高校大学生社团组织为满足大学生群体的多元化需求提供了渠道，因而受到广大学生的认可和欢迎。高校大学生社团是大学生开展人际交往活动的重要组织形式，在社团组织中，大学生之间通过相互交流、交往、共事，更容易与他人建立起亲密关系，更容易获得对群体的认同，从而获取博爱、情感以及归属的满足感。

在社交需要被满足后，大学生群体对尊重的需要就会显得更加渴望。尊重的需要主要体现在人的自我尊重和希望受到他人尊重的需要。当人尊重的需要得到满足时，其内心会因自身价值得到体现而提升自信。相反，如果人尊重的需要得

---

① 马克思恩格斯选集：第1卷［M］．北京：人民出版社，2012：153.

② 马斯洛著，成明编译．马斯洛人本哲学［M］．北京：九州出版社，2003：52—57.

不到满足时，会产生沮丧感、挫败感，容易让人的自尊心受到打击。大学生群体正值心理的成长成熟过渡期，心理较为脆弱和敏感，非常渴望受到外界的关注和尊重。大学生加入学生社团组织，自身被尊重的需要能够得到充分满足。大学生同龄人之间没有高低贵贱之分，相互之间平等相处，共同开展活动，共同收获成功的喜悦，共同承担失败的教训，以此实现在社团组织中获得他人尊重，满足自身的心理需求。

自我实现是大学生加入高校学生社团组织的最高级需要。自我实现需要是指大学生群体渴望自身潜力和才能得到最大程度的挖掘和发挥，并且获得师生强烈认同的心理需要。随着新时代人才竞争激烈程度加剧，当代大学生越来越重视自身素质的提升和才能的挖掘，他们渴望在大学里学有所长、学有所用、展示自我。高校大学生社团组织的建设正是一个不断满足大学生成长需求、不断激发大学生新的渴望和需要的过程，在这一过程中，大学生能够感受到自身价值得到实现的真实体验，并使自身能力得到真正的锻炼和提升。

从大学生自我实现角度来讲，新时代大学生具有通过组织表达意愿的强烈愿望。作为个体化的人，大学生自身理想和需求的实现需要依托于一定的组织平台才能获得支撑。在组织条件下，组织成员相互影响、相互促进，促使个体力量不断壮大。可以说，组织能够为大学生个体的成长和理想的实现提供有效的指导及帮助。高校大学生社团组织为大学生的个体成长提供了可靠的组织化平台，该平台是大学生成长成才的“摇篮”。在社团组织中，成员之间相互支持、相互学习、相互促进，能够为大学生自身理想的实现提供现实基础和坚实后盾。

三、发挥高校学生管理的引导性作用的现实要求

新时代高校大学生群体的社会性和自主性的发挥，离不开高校对其管理和引导。高校大学生社团组织并不是绝对意义上的独立社团，而是高校学生管理部门、共青团开展“第二课堂”和思想政治教育工作的重要组织平台。自由是相对的，没有绝对的自由。高校社团组织是由大学生自发组织起来的学生组织，大学生可自由加入或退出社团，社团可自由组织开展各种各样的社团活动，但是这些自由是建立在遵守国家法律法规、学校相关章程和规范基础上有底线的自由，无

论是社团组建、学生入社（团），还是活动组织，都必须依规依章进行。

高校具有对大学生和学生社团组织进行管理和引导的正当性。高校为大学生参与社团活动创造了条件，帮助大学生在社团活动中得到锻炼和提升。高校对社团组织进行规范管理，是为了促进大学生社团朝着更好、更有利的方向发展。同时，根据广大青年学生对社团组织具有较强吸引力和认可度的特点，高校因势利导，将思想政治教育工作与大学生社团发展建设有效融合，使大学生社团组织成为高校对大学生开展思想政治教育工作的重要平台和有效载体；积极加强对大学生进行思想政治教育引导，让大学生在学习和娱乐中成长为符合新时代发展要求的中国特色社会主义事业的合格建设者和可靠接班人。2016年12月8日，习近平总书记在全国高校思想政治工作会议上强调："要坚持把立德树人作为中心环节，把思想政治工作贯穿教育教学全过程，实现全程育人、全方位育人。"因此，将立德树人这一根本任务作为高校对大学生社团进行建设和引导的重要原则，是促进高校大学生社团组织健康发展的关键举措。

高校对大学生社团组织的管理和引导是通过行政性主体和专业性主体来支持的。党、团组织是高校社团组织的行政支持主体，其中高校校级共青团组织是直接支持主体。2017年，中共中央、国务院印发《关于加强和改进新形势下高校思想政治工作的意见》，明确指出要积极发挥共青团、学生会组织和学生社团作用，这是从中央层面提出的加强大学生社团建设的支持性意见。2016年，共青团中央、教育部和全国学联联合印发《高校学生社团管理暂行办法》，对高校社团运行提出了具体的管理、支持和引导办法。教育部提出的"第二课堂成绩单"制度，更是将高校社团组织的重要性提升到前所未有的高度，多项课外学分只有参加社团活动才能获得。专业支持是指对大学生社团开展的活动进行业务指导和技术支持，这类支持主体主要来自专业院系、研究所、教学部门等专业部门，如院系选派与社团性质相关的专任教师对社团活动开展指导性工作、提出指导性意见。指导教师的专业支持从根本上有力地保障了社团活动开展的科学性和专业性。

第三节 高等学校大学生社团建设的时代要求

高等教育水平是一个国家发展水平和发展潜力的重要标志。随着中国特色社会主义进入新时代，意味着我国开始从教育大国向教育强国迈进。党的十八大以来，以习近平同志为核心的党中央高度重视高等教育工作，尤其重视高校思想政治教育工作，坚持把立德树人作为中心环节，把思想政治工作贯穿教育教学全过程，实现全程育人、全方位育人。[①]思想政治工作从根本上说是做人的工作，要以人为本，尊重人的发展，要围绕学生、关照学生、服务学生，不断提高学生思想水平、政治觉悟、道德品质和文化素养。发挥大学生在思想政治教育中的主体性和主动性，这不仅仅是一种育人的方法，也是育人的目标。只有充分调动和发挥学生自我教育的内在积极性，实现由“要我学”向“我要学”的状态转变，教育的最终目标才能更好地实现。高校大学生社团顺应新时代教育发展的新要求，在建立高水平人才培养体系、增强新时代大学生使命感、培养大学生树立正确的理想信念、掌握高校主流意识形态等方面发挥着越来越重要的作用。

一、应对新时代社会矛盾变化的要求

习近平总书记在党的十九大报告指出：“经过长期努力，中国特色社会主义进入了新时代。”[②]新时代预示着中国进入了新的历史发展方位，而我国主要社会矛盾的变化则表征着历史发展方位的改变。“人民日益增长的美好生活需要和不平衡不充分的发展之间的矛盾”，这是新时代我国社会的主要矛盾。人民美

---

① 习近平．在全国高校思想政治工作会议上的重要讲话［N］．人民日报，2016-12-09（01 版）．

② 习近平．在中国共产党第十九次全国代表大会上的报告［M］．北京：人民出版社，2017：10．

好生活的需要包括多种需要，既包括追求更高层次物质生活的需要，也包括追求更高层次政治生活、社会生活、文化生活的需要。不断满足人的各类正常现实需求，正是马克思主义所指明的实现人的自由全面发展的要求。对我国高等教育发展来讲，实现大学生的全面发展离不开全程育人、全员育人、全方位育人。坚持“三全育人”，既是高校全面落实立德树人根本任务的需要，也是高校实现大学生全面发展的需要。

立德树人是高校的立身之本，是教育事业发展必须落实好的根本任务。立德树人，重在立德。培育德智体美劳全面发展的中国特色社会主义事业的合格建设者和可靠接班人，道德建设排在第一位。人无德不立，大学生道德素质的高低内在地影响着其未来发展潜力，道德素质是大学生综合素养提升的关键。新时代社会主要矛盾的转变，对大学生道德素质的提升也有了更高的要求。新时代满足大学生的美好需求，就是要实现大学生自身全面发展，实现“真、善、美”在学生自身的统一，这也是新时代我国高校教育的重要目标。追求知识和真理、传承中华文明、推动社会发展，这是对大学生“真”和“美”的要求，而加强大学生自身道德建设则是“善”的要求。因此，大学生道德素养的提升是满足新时代大学生成长成才需求、实现大学生全面发展的重要环节。

践行“立德树人”这一高校职责和使命，要通过开展大学生思想政治教育工作，将立德树人融入大学生教育的全过程、全方位。实现“三全育人”，离不开发挥高校大学生社团组织的积极作用。

第一，大学生社团组织是实现全方位育人的重要载体。全方位育人指的是充分利用学校教学、管理、服务、文化等多种育人载体和资源，对大学生开展立体式、多角度、全方位的教育活动，并将思想政治教育寓于其中。对大学生开展思想政治教育，除了要发挥思想政治理论课的主渠道作用之外，还要注重开辟大学生思想政治教育“第二课堂”，积极发挥大学生社团组织的思想政治教育功能。高校大学生社团组织的思想政治教育功能，就是通过大学生参与各类社团活动，能够将理想信念教育、道德素质教育、社会规范教育等思想内化于大学生自身，并在日常生活中自觉践行。大学生社团组织作为一种育人载体，其显著特点是隐性、高效、持久。大学生社团组织的隐性思想政治教育表现形式是一种隐形教育，一些思想观念和道德要求并非直接灌输给学生，而是通过多样化、趣味性、互动性的社团活动潜移默化地影响学生，使学生主动转变思想、更新观念。大学生的积极性和主动性被激发出来后，思想政治教育工作的效果就变得持久、明显。

第二，大学生社团组织是实现全过程育人的重要途径。高校育人工作要贯穿于大学生学习生活全过程，在大学生学习的各个领域、各个阶段都要加强思想政治教育。一方面，在学习内容上，无论是大学生的专业学习，还是实践训练，抑或兴趣养成，都要将思想政治教育工作渗透其中。2018年9月，习近平总书记在全国教育大会上指出："要把立德树人融入思想道德教育、文化知识教育、社会实践教育各环节，贯穿基础教育、职业教育、高等教育各领域。"[①]高校大学生社团组织是大学生参加实践活动，进行实践锻炼的重要载体，立德树人更是大学生社团组织建设和发展的重要目标和根本宗旨；另一方面，高校要将育人工作融入大学生的整个学习过程。从新生入学教育、校情校史教育、心理健康教育到专业的思想政治理论教育，再到毕业季的就业创业教育、服务社会教育等，都是高校大学生育人工作的重要体现。大学生社团组织能够有效辅助高校育人工作的顺利开展和实施，一些具有育人功能的大学生社团组织在高校育人工作中发挥的价值和作用不容忽视。

第三，大学生社团是实现全员育人的重要形式。全员育人体现了育人主体的广泛性。广义上的全员育人是要发挥学校、家庭、社会在学生教育中的主体作用，狭义的全员育人是要发挥高校管理者、专业教师、辅导员、学生朋辈群体、学生自身在教育中的作用。从狭义上讲，大学生在校所学知识，一方面来自具有主导性作用的教师的教育和指导，另一方面来自周围环境的熏陶。相对而言，大学生在校生活环境比较封闭，平时交往最多的、最熟悉的群体还是自己的同学和朋友，因此，朋辈群体对大学生成才成长的影响和作用至关重要。高校大学生社团组织是由志趣相同的朋辈群体自发建立起来的学生组织，在社团活动中，大学生之间相互交流、相互影响、相互教育、相互促进，在朋辈群体催化作用之下，大学生自身的知识、能力和素质都能得到一定程度的提升。

因此，通过发挥大学生社团组织在高校全方位育人、全过程育人、全员育人

① 习近平．习近平在全国教育大会的讲话［N］．人民日报，2018-9-11（01版）．

中的重要功能和积极作用，有助于高校更好地落实立德树人根本任务，有助于推动大学生全面成长成才，满足新时代育人要求。

二、构建高水平人才培养体系的要求

人才培养体系直接关系到我国高校人才培养质量问题。人才培养体系包括“学科体系、教学体系、教材体系、管理体系”，这是大学的“软件”系统。衡量一所大学的建设质量和水平，除了考察学校的师生规模、资金投入等硬件条件，更重要的是要看学校的科研、教学和管理的产出效果和质量，这就涉及了建设高水平人才培养体系的任务要求。高校要培养出德才兼备的合格的新时代高素质人才，一方面要加强大学生思想道德建设，提升大学生道德素养和个人品质，另一方面要加强大学生能力建设，提升大学生的知识素养和应用能力。大学生综合素养的提升离不开高水平人才培养体系支撑，人才培养体系建设关系到大学生“学什么”“能学到什么”和“学得怎么样”的问题，关系到高校向社会输出人才的质量和水平的问题。因此，新时代高校要努力构建高水平人才培养体系，强化体制机制建设，以保障人才培养体系建设科学化、规范化，为我国建成社会主义现代化强国提供人才支撑和智力保障。

人才培养体系是一个系统工程，新时代背景下构建高水平的人才培养体系，除了要更加重视党委领导下的校长负责制、专家治校、教授治学、管理服务、教师引导之外，要更加关照学生自身需求，要更加注重培养学生的创新能力、科学思维、专业水平和综合素养，这是大学生从“人力”向“人才”转化所必备的核心要素。新时代背景下，培育大学生成才所需要的多种能力和思维，除了发挥第一课堂的“主渠道”育人功能之外，大学生社团组织在人才培养中的重要作用绝不能忽视。大学生社团组织对于提升大学生的创新能力、实践能力、领导能力、沟通能力等综合素质具有独特的功效，是新时代高校人才培养体系建设所必要的内容和载体。

高校大学生社团建设与人才培养体系建设息息相关。虽然大学生社团组织不属于以第一课堂为中心的高校教学体系，但大学生社团组织却对高校的学科体系、教学体系、教材体系和管理体系的完善具有重要的推动作用。

第一，在学科体系建设方面，加强大学生社团组织建设，有助于弥补学科体系的不足，不断丰富完善高校学科体系。高校学科体系建设大多围绕高校所在的一级学科进行，构建高水平的学科理论体系是高校学科体系建设的关键所在。[①]对于学科建设来说，学科理论建设固然重要，但学科实践与应用也不能忽视，良好的学科实践能进一步优化学科理论体系。高校专业性大学生社团组织通过开展专业性社团活动，将学科理论知识转化为学科实践应用，从而提升大学生的学科实践及应用能力，有助于强化学生学科基础知识的掌握程度。

第二，在教学体系建设方面，加强大学生社团组织建设，有助于促进教学方法创新和教学模式改革，进一步提升教学质量。传统教学体系以教师为主导，学生往往处于被动学习的尴尬地位，导致学生学习积极性不高，知识的接受能力受限，教学效果很难保证。要构建高水平的人才培养体系，就必须要求传统教学体系向现代教学体系转变，要更加强调和重视学生学习的主体地位，充分调动学生学习的积极主动性，实现学生学习从“要我学”向“我要学”转变，而大学生社团组织在促进高校教学体系改革与转变中无疑发挥着“助推器”的作用。与传统课堂教学相比，大学生社团组织更加重视学生的应用能力和合作能力，更加重视学生的个人体验，能够更加激发大学生个体的参与性，而这正是传统教学体系的薄弱环节。因此，通过发挥大学生社团组织在高校教学体系建设中的助推作用，将有助于实现大学生社团组织与教学体系的优势互补，加快推进传统教学体系的改革升级。

第三，在管理体系建设方面，加强大学生社团组织建设，有助于发挥学生自我管理、自我服务、自我教育的作用，弥补学校管理的短板与不足，有利于高校构建多方参与的管理体系。高校如果具有完整的、高水平的人才培养体系，其完善周到的学校管理和服务能够为广大师生的教学、科研和学习活动提供良好的环境氛围，能够为教师教学、科研工作的顺利开展提供充分的资源支持与环境保障。

高校要建立运转良好、高效的管理系统，一方面需要高校管理者能够履职尽责，秉承为师生服务的理念，尽可能满足师生发展的相关需求；另一方面，要发

① 王声平，贺静霞．改革开放40年我国教育管理学学科体系研究的反思与展望[J]．现代教育管理，2018：12.

挥好师生在学校管理中的角色作用，增强师生的参与意识，建立一种共建共享的学校管理“大格局”。大学生社团组织本身属于学生群体自发的自治组织，大学生加入社团组织，通过参加社团活动来达到自我管理、自我服务和自我教育，一方面有助于优化学校管理流程，提升管理效率和质量；另一方有助于大学生借助大学生社团这一平台发挥自身在学校管理体系中的价值，凸显自身在学校管理中的主体地位。

总之，加强大学生社团组织建设，是高校构建高水平、高质量人才培养体系的重要内容和要求。高校要重视和发挥大学生社团组织在构建高水平人才培养体系中的重要价值，通过大学生社团组织建设，实现“通识教育与专业教育相结合，促进学生在知识、能力、品格等方面的全面成长”①。

三、满足新时代大学生多样化需要的要求

新时代具有多种寓意，它既是我国实现“两个一百年”奋斗目标的关键节点，又是广大青年胸怀理想、志存高远，积极投身中国特色社会主义伟大实践，并为之终生奋斗的大好年代。大学生既是新时代的追梦人，又是新时代的圆梦人。打铁还需自身硬，中华民族伟大复兴“中国梦”的实现，需要新时代大学生自身掌握过硬的技术本领，具备超强的综合素质。大学校园为大学生积累知识、提升素质、掌握本领、塑造品质提供了良好的学习环境，大学生在学好专业知识的同时，又有足够的时间和精力去挖掘自身潜质、展现自身价值，因而大学生就有了自发建立组织来满足和实现自身不同需求的渴望，大学生社团组织就是在这一背景下内生驱动而得以产生的。高校大学生社团组织为大学生提供了展示自我、锻炼自我、提升自我的平台，通过这一平台，大学生不断强化能力、积蓄能量，以便能为自身良好发展和国家建设发挥更多、更大的价值和作用。

大学生自身与大学生社团组织所肩负的职责和使命紧密相连。作为未来中国特色社会主义事业的建设者和接班人，大学生群体承载着实现中华民族伟大复兴的历史使命。中华民族伟大复兴是一项系统工程，需要能力强、本领高的各行各

① 林建华．扎根中国大地办大学 形成高水平人才培养体系——学习贯彻习近平总书记在北京大学师生座谈会上的重要讲话精神［J］．学校党建与思想教育，2018(11).

业的人才共同支撑。大学生社团组织具有贴近学生实际需求、重视实践体验、紧密联系社会等特质，在锻炼大学生实践能力、丰富大学生社会经验、提升大学生综合素质方面具有较大优势。因此，大学生社团组织与课堂教学相结合，能够最大限度地发挥二者的合力作用，有助于高校更好地培养国家富强、民族复兴所需要的多元化、复合型、应用型人才。

新时代大学生群体热衷于追求新事物、新理念，并在这一追求过程中不喜欢被条条框框限制住，而是时刻展示自身独有的个性和创新性。大学生加入社团组织，正是其追求自我解放、自我实现和自我升华的体现。充分展现大学生个性特征的社团活动能够有效激发大学生的创新创造思维，有助于推动新时代国家创新型人才机制的培育和形成。

四、助推高校掌控主流意识形态工作的要求

第一，大学生社团在高校主流意识形态建设中的重要组织载体作用的发挥。新时代高校主流意识形态的传播方式更加趋于多样化、微细化，既包括思想政治理论课教学、专题讲座、主题报告等传统形式，也包括社团活动引导、网络宣传等新手段。相比于传统形式的形式单一、内容枯燥、难以吸引学生注意力的不足，大学生社团呈现出的自我管理、自我教育、自我服务特性正好与传统的模式形成互补，更容易引起师生共鸣。大学生社团已经成为如今高校主流意识形态传播、引导的重要组织载体。高校将主流意识形态传播与社团活动有效结合，与社团建设和发展深度融合，会更有助于高校对主流意识形态话语权的把握，更有助于发挥高校主流意识形态的引领作用。

第二，大学生社团对高校培育和践行社会主义核心价值观的重要职能作用的发挥。社会主义核心价值体系是社会主义意识形态的本质表现，是中国特色社会主义先进文化的集中体现。高校作为构建社会主义核心价值体系，培育和践行社会主义核心观的重要阵地，其培养的青年学生所具备的理想信念、价值观念、品德修为等将直接关系着国家的发展以及未来社会秩序的建构。大学生社团是学生自发组织的团体，具有特殊的组织形式和发展方式，其在引领大学生政治态度、道德养成、价值取向等方面发挥着独特的优势，并产生了良好的社会效应。借助

社团活动这一重要职能的发挥，将社会主义核心价值观的内涵与社团活动巧妙融合，正确引导大学生三观，已成为高校筑牢思想防线的重要手段之一。

第三，大学生社团在提高大学生抵御、防范各种意识形态渗透能力方面作用的发挥。随着教育国际化的不断深入，各国之间的文化交流与教育合作越来越频繁。在其影响下，高校社团活动也更多地走出校园，走向社会，甚至是面向国际，不断增添国际化色彩。高校社团自然也就成为各种文化思潮传播和意识形态渗透的重要突破口和主要媒介。高校也深刻意识到社团组织在意识形态领域发挥的重要作用和潜在的危险性，进一步重视和加强社团的组织和管理，逐步强化社团抵御渗透的能力，引导学生筑牢思想防线。高校要充分发挥学生社团组织的积极作用，通过严格社团活动管理、强化学生理想信念来有效抵御不良意识形态侵入，让大学生社团成为防范各种不良意识形态向高校渗透的有力武器。

第五章　大学生社团建设的原则与要求

高校大学生社团建设具有较强的目标导向性。2016年1月，共青团中央、教育部、全国学联印发《高等学校大学生社团管理暂行办法》（以下简称《办法》），《办法》对我国高校大学生社团建设的基本任务做出了明确规定：“遵循和贯彻党的教育方针，坚持立德树人的基本导向，团结和凝聚广大同学，按照自愿、自主、自发原则，善用网络技术和新媒体，开展主题鲜明、健康有益、丰富多彩的线上和线下课外活动，繁荣校园文化，培养同学的社会责任感、创新精神和实践能力，提升同学综合素质，促进同学成长成才。”[①]早在2005年，教育部、共青团中央印发的《关于加强和改进大学生社团工作的意见》（以下简称《意见》）中就提出了加强和改进大学生社团工作的总体要求：“以邓小平理论和‘三个代表’重要思想为指导，全面贯彻党的教育方针……”2016年《办法》中的“基本任务”是对2005年《意见》中“总体要求”的进一步总结和深化，与时俱进地对高校大学生社团组织建设进行总体谋划，提出了新时代中国高校大学生社团建设的最新发展目标。目标的实现需要设置一定的原则来支持和保障，这样才能确保目标不会偏离特定的方向和轨道。新时代背景下加强高校大学生社

① 三部门联合印发《高等学校大学生社团管理暂行办法》[EB/OL].查字典新闻网，https://mnews.chazidian.com/news302756/2016-01-13.

团建设，保证高校大学生社团基本任务的顺利实施，高校大学生社团建设应该坚持正确的政治方向，牢牢把握住大学生社团的发展方向；坚持正确的法治理念，提升大学生社团建设的法治化水平；坚持正确的文化育人功能，营造高品位的校园文化氛围；坚持服务学生成长成才，促进大学生的自我服务、自我管理和自我教育。

第一节　新时代大学生社团的发展方向

中国特色社会主义是新时代高校大学生社团组织建设的发展方向。新时代高校大学生社团组织建设需要保持正确的发展方向、正确的政治立场和正确的政治站位，这是社团建设的重要政治前提。虽然我国高校大学生社团组织属于大学生群体自发组建的群众性学生组织，具有一定的自由度和自主性，但自由和自主并不代表着放纵和放任，而是在一定的社会环境中建立、运行和发展的。社会环境是因人与人之间错综复杂的利益关系而产生的，人与人之间的利益关系某种程度上表现为一种政治关系，“人天生是一种政治动物”①。因此，在现代社会，无论是人类活动的经济领域、文化领域还是社会领域，都与政治有着千丝万缕的联系，割离政治的社会活动是不存在的。同样，我国高校大学生社团建设也具有一定的政治属性，需要遵循特定的政治标准和原则。在中国特色社会主义事业发展的总体要求下，新时代高校大学生社团建设要始终坚持以习近平新时代中国特色社会主义思想为理论指导，用马克思主义的立场、观点和方法去看待、分析和解决社团建设中的困难和问题；要始终坚持道路自信、理论自信、制度自信和文化自信，时刻彰显我国高校大学生社团建设的优越性和先进性；始终坚持将社会主义核心价值观同高校大学生社团建设相互融合，持续增强我国高校大学生社团组织的本质内涵和时代价值。

---

① 亚里士多德著，颜一、秦典华译．政治学[M]．北京：中国人民大学出版社，2003：4.

一、以习近平新时代中国特色社会主义思想为指导

马克思主义理论是新时代大学生社团组织建设和发展的根本遵循。马克思主义理论能为我们的各项事业建设和发展提供重要的理论依据和理论支撑，是我们各项事业建设和发展的思想指导。马克思主义关于人的自由全面发展理论是我国高校大学生社团组织建设和发展的重要理论来源之一。马克思、恩格斯在《共产党宣言》中指出："每个人的自由发展是一切人的自由发展的条件。"[①]实现人的自由全面发展是新时代中国特色社会主义的发展方向，而我国高校大学生社团组织是实现大学生自由全面发展的重要载体和平台，因而高校大学生社团组织建设固然要以促进大学生自由全面发展为根本宗旨。另外，马克思主义关于人的社会价值和个人价值相统一的理论也是我国高校大学生社团组织建设和发展的重要理论来源。马克思主义认为："人是社会性动物，人的本质力量对象化所规定的人在社会生活中的价值或意义，是人的价值。"[②]人的价值可分为社会价值和个人价值。社会价值指个人能够满足社会的需要程度，是个人对于社会的奉献和意义。个人价值与社会价值呈正相关，一个人的社会价值越大，其个人价值就越大。"自觉地为社会的进步、人类的解放作贡献，实现自己的社会价值，不仅不是自我的丧失，而且恰恰是自我的完善，是个人价值的充分实现。"[③]照此理论，高校大学生社团建设不仅有助于推进国家实施素质教育的进程，具有社会价值，同时也有助于大学生个人提升综合素质，具有个人价值，实现了社会价值和个人价值的有机统一。

马克思主义理论为高校大学生社团组织建设和发展提供了方法论指导。恩格斯指出："马克思的整个世界观不是教条，而是方法。他提供的不是现成的教条，而是进一步研究的出发点和供这种研究使用的方法。"[④]要坚持用马克思主义的立场、观点和方法来统筹谋划高校大学生社团组织建设，尤其是要学会自觉

① 马克思恩格斯选集：第1卷［M］．北京：人民出版社，2012：422.

② 王大春．我国高等学校大学生社团建设研究［D］．哈尔滨理工大学，2015：16.

③ 李秀林，王于，李淮春．辩证唯物主义和历史唯物主义原理［M］．北京：中国人民大学出版社，2004：143.

④ 马克思恩格斯选集：第4卷［M］．北京：人民出版社，2012：664.

运用历史唯物主义和辩证唯物主义来解决高校大学生社团建设和发展中的各类问题，坚持运用全局思维、系统思维、辩证思维和战略思维来建设高校大学生社团，以避免高校大学生社团建设中的狭隘思维和“短视”局限。将马克思主义实践观点有效融入高校大学生社团组织建设过程中，在社团活动中持续强化大学生的应用能力和实践思维。

习近平新时代中国特色社会主义思想，是马克思主义中国化最新成果，是中国特色社会主义理论体系的重要组成部分，是新时代中国共产党的思想旗帜，是国家政治生活和社会生活的根本指针，是当代中国马克思主义、二十一世纪马克思主义。习近平总书记关于建设教育强国的重要论述，为新时代高校大学生社团组织建设和发展指明了方向。习近平总书记在2016年全国高校思想政治工作会议上强调：“立德树人是高等教育的中心环节”，“实现全程育人、全方位育人”。大学生社团建设是高校践行立德树人新时代使命、实现全方位育人的重要方式，是贯彻落实习近平新时代中国特色社会主义思想的重要抓手，有助于做好新时代高校思想政治工作，有助于促进大学生更好地成长成才，有助于推进建设教育强国目标的顺利实现。

二、以坚定“四个自信”为导向

习近平总书记指出：“当今世界，要说哪个政党、哪个国家、哪个民族能够自信的话，那中国共产党、中华人民共和国、中华民族是最有理由自信的。”“坚持不忘初心、继续前进，就要坚持中国特色社会主义道路自信、理论自信、制度自信、文化自信。”[①]始终坚定“四个自信”，这是发展新时代中国特色社会主义各项事业的心理基础，能够为高校大学生社团组织建设和发展提供强大的心理支撑。“四个自信”彰显着中国特色社会主义的内在优势，蕴涵着中国特色社会主义的先进性和优越性，坚持将“四个自信”作为高校大学生社团组织建设和发展的导向，就是要将这种内在优势以及先进性和优越性时刻体现在我国高校大学生社团组织建设和发展过程当中，发挥我国高校大学生社团组织自身

① 习近平．在庆祝中国共产党成立95周年大会上的讲话［N］．人民日报，2016-07-07（01版）．

的优势和特色，不断建设具有中国特色、中国风格、中国气派的新时代高校大学生社团。

道路自信为新时代高校大学生社团组织建设和发展提供方向指引。中国特色社会主义道路是实现中华民族伟大复兴、为人民创造美好生活的必由之路，也是建设好、发展好高校大学生社团的必由之路。“建设社会主义先进文化”“促进人的全面发展”“建设富强、民主、文明、和谐、美丽的社会主义现代化强国”是中国特色社会主义道路的重要内容和重要目标，而高校建立和发展大学生社团组织的目的也是要丰富校园文化，构建和谐校园，营造自由、民主、文明的校园氛围，促进学生的全面发展。可以看出，高校大学生社团与中国特色社会主义道路相互关联，高校大学生社团建设是坚持走中国特色社会主义道路的具体表现。坚定道路自信，为高校大学生社团组织建设和发展提供精准的思想指引和强大的精神力量。

理论自信为新时代高校大学生社团组织建设和发展提供理论指导。恩格斯说过：“一个民族要想站在科学的最高峰，就一刻也不能没有理论思维。”中国特色社会主义理论体系是马克思主义中国化的重要理论成果，它在中国特色社会主义事业的实践过程中形成，同时，也指导着中国特色社会主义实践。加强高校大学生社团组织建设，就要坚持以中国特色社会主义理论为指导，自觉将党的理论成果有效运用到高校大学生社团组织建设和发展中，使高校大学生社团组织始终朝着正确的方向发展。

制度自信为新时代高校大学生社团组织建设和发展提供制度保障。中国特色社会主义制度是包含了我国的根本政治制度、基本制度和各种体制机制的制度体系。“治理国家，制度是起根本性、全局性、长远性作用的。”①一方面，中国特色社会主义制度为我国高校大学生社团组织建设和发展提供制度保障；另一方面，中国特色社会主义制度建设所取得的巨大成就为我国高校大学生社团制度建设提供丰富的借鉴经验。

文化自信为新时代高校大学生社团组织建设和发展提供文化心理基础。大学生社团是高校校园文化建设的重要表现形式，而校园文化建设又离不开中华优秀

① 中共中央文献研究室编．习近平关于全面深化改革论述摘编［M］．北京：中央文献出版社，2014：28.

传统文化这一伟大母体。因此，建设好、发展好高校大学生社团，也是传承中华优秀传统文化、弘扬中华文明精神的重要表现。在高校大学生社团组织建设和发展过程中坚定文化自信，就是要将中华优秀传统文化、党的革命文化和中国特色社会主义先进文化融入高校大学生社团组织建设和发展之中，筑牢高校大学生社团的文化根基，打造具有深厚文化底蕴和深刻内涵的新时代高校大学生社团。

新时代高校在建设和发展大学生社团的过程中，不但要毫不动摇地坚定“四个自信”，而且还要努力增强“四个意识”，主动做到“两个维护”。高校大学生社团是党领导下的自发性学生群体组织，因此大学生社团组织要积极服从党的领导，在社团的组建成立、组织管理和活动实施过程中积极贯彻党关于社团发展的各项方针、政策，时刻保持政治意识、大局意识、核心意识、看齐意识。在社团建设中，坚决维护习近平总书记党中央的核心、全党的核心地位，坚决维护党中央权威和集中统一领导，保证社团建设和发展的正确方向，保持社团鲜明的政治立场，打造“又红又专”的新时代高校大学生社团。

三、以培育和践行社会主义核心价值观为核心

社会主义核心价值观是社会主义核心价值体系的内核，体现社会主义核心价值体系的根本性质和基本特征，反映社会主义核心价值体系的丰富内涵和实践要求，是社会主义核心价值体系的高度凝练和集中表达，是我国全体人民的共同价值追求，在凝聚人心、固本培元上发挥着重要作用。我国高校大学生社团组织建设和发展的目的是“提升同学综合素质，促进同学成长成才”，而培育和践行社会主义核心价值观是提升大学生综合素质的有效载体和重要途径。因此，培育和践行社会主义核心价值观是我国高校大学生社团组织建设和发展的重要内涵。新时代背景下，青年大学生所具有的思想活跃、自由开放、善于接受新事物等诸多特性，决定了其在价值观的选择上呈现出多元化的趋势。因此，必须用主流价值观对青年学生加以正确引导，将核心价值观融入高校大学生社团的组织、管理和活动的各个环节当中，促使社会主义核心价值观能够积极转化为新时代青年大学生的行为习惯和情感认同。

胡锦涛在党的十八大报告中指出：“要加强社会主义核心价值体系建设，

倡导富强、民主、文明、和谐，倡导自由、平等、公正、法治，倡导爱国、敬业、诚信、友善，积极培育和践行社会主义核心价值观。”[①]社会主义核心价值观“三个倡导”24个字，凝练概括了国家的价值目标、社会的价值取向和公民的价值准则。富强、民主、文明、和谐是国家层面的价值目标，表达的是国家的意志，是全体人民的共同价值理想；自由、平等、公正、法治是社会层面的价值取向，表达的是社会秩序，是人们对现实社会的价值诉求和期待；爱国、敬业、诚信、友善是公民个人层面的价值准则，表达的是社会成员的道德自律，是社会成员的基本道德规范。这三个层面相辅相成、密切相连，形成一个整体，规范了人们应该坚持什么样的价值准则，对国民教育起着重要的引领作用。将社会主义核心价值观融入高校大学生社团组织建设和发展的全过程，就是要将社会主义核心价值观三个层次的理念融合到社团的组织、管理和活动各个过程。尤其是在高校大学生社团活动的开展方面，要将社会主义核心价值观的丰富内涵有效融入活动过程中，使其成为主导社团活动的内在灵魂，在活动过程中真正践行社会主义核心价值观。

第二节　新时代大学生社团建设的基本原则

新时代高校大学生社团建设要坚持政治性原则、教育性原则、自主性原则和法治化原则，它是大学生社团开展工作、组织活动的根本遵循，贯穿于大学生社团组织建设的各个环节，也是各个管理主体的努力方向、各个管理客体的内在需求、管理效果的评价标尺。高校大学生社团的建设质量和育人效果，取决于高校的整体管理水平和社团组织内部的管理能力，学校共青团、学生处、研究生院等相关职能部门和社团联合会、社团管理干部应遵循社团建设和管理的基本原则，并在此基础上进行创新、发展，这样才能使大学生社团组织的建设和发展更加健

① 胡锦涛．坚定不移沿着中国特色社会主义道路前进 为全面建成小康社会而奋斗［M］．北京：人民出版社，2012：31—32．

康、可持续，才能使大学生社团的管理更加科学、规范，才能使广大青年学生在社团活动的组织和参与过程中真切感受到社团的凝聚力和育人效果，才能得到真正的成长。

一、政治性原则

政治性原则是由我国现阶段高等教育的性质、特点和发展实际所决定的。具体来说，高校大学生社团建设遵循政治性原则需做到以下几点：

第一，要坚持以习近平新时代中国特色社会主义思想为指导。新时代高校大学生社团组织在建设和发展过程中，要对党和国家所提出的具体政策和要求有更加深刻的认识，要在建设和发展的过程中具备并掌握中国特色社会主义所需要的精神，要始终坚持立德树人的根本任务，实现“三全育人”。同时，高校要进一步加强大学生社团组织的建设管理工作，建立并完善多部门联动的工作机制，把握政治方向，强化管理指导，提升内涵建设，引导大学生社团组织在党的领导下充分发挥大学生社团的育人功能，持续推进校园文化建设。

第二，要确保正确的社会主义办学方向。新时代大学生社团组织要将立德树人作为高校大学生社团建设的立身之本，全面贯彻落实党和国家的方针政策。不论是学校的社团管理部门还是社团本身，都不能够在工作中、在活动中偏离办学方向、违背国家政策、有损党的领导，危害国家、社会和学校的稳定。

第三，要严把社团成员的思想关。高校大学生社团组织不论是成立初衷还是建设发展过程中都具有明显的自主性、灵活性等特点，作为“第二课堂”的重要组成部分，社团工作开展多基于对应一部分学生群体的兴趣爱好，缺乏“第一课堂”中所具备的严谨教学计划和专业师资队伍。因此，不论是社团管理者还是社团成员，都应在社团组织的建设和发展过程中把牢政治方向、提升政治素质，从而确保大学生社团组织健康、稳定、可持续发展。

二、教育性原则

高校是培养和造就高素质人才的摇篮，立德树人是新时代高校的根本任务。

因此，新时代高校大学生社团组织的建设与管理同政府、企业等组织的管理行为有着本质的不同，组织开展的活动归根结底是属于教育管理范畴，其核心是育人。

首先，高校大学生社团开展的管理工作要将教育效果时刻体现在管理初衷、管理过程和管理结果中。同时，严格控制大学生社团组织各个环节中的不良因素，尽量放大积极因素，以增强组织育人的实效性；其次，高校大学生社团管理要适应新时代青年大学生的成长成才规律，要了解掌握学生渴望的、易于接受的教育内容和方法，并在大学生社团活动中进一步浸润教育思想、挖掘教育内涵，以更好地教育引导广大青年学生健康成长。再次，高校大学生社团管理的教育性原则还应运用规划、设计、组织、协调、控制等管理手段来科学整合校内外的各类资源，并在管理过程中有效提升育人的质量。如规划环节是引导学生根据社团发展实际制定科学、周密、切实可行的建设方案和章程，组织环节是确保将制定的建设方案和计划有效落实到各项工作过程中，协调环节是有效整合学校和社会各类资源来推动“三全育人”格局的构建，控制环节是对大学生社团管理的效能进行科学评价并根据评价结果进行及时、有效的调整和改进。

由此可见，新时代高校大学生社团管理所遵循的教育性原则是一个动态育人的过程。在内容上，管理应将文化育人作为社团管理的导向，培育大学生形成正确的价值观，积极彰显校园文化魅力。①

第一，教育引导学生形成正确的价值观。新时代大学生群体具有思想活跃、观念开放且又片面盲目、易受侵蚀的特征，这就要求高校大学生社团在其管理过程中坚持以立德树人为根本任务、注重提升大学生素质技能的同时，更要加强引导大学生培育责任意识、独立人格和处世能力，形成正确的、积极的世界观、人生观、价值观。

第二，持续强化学生的文化自信。文化自信是对本国、本民族所属的历史传统和现代发展文化和文明的一种认同观，是在对自身文化有充分的认知，同时对自身文化有充分理性反思的条件下，在心理和情感上形成一种对自身文化的承认和依赖感，并能在现实生活中主动传承和践行的过程。②高校大学生社团组织

① 郭立.高校学生社团建设研究[J].教育与职业，2013(27):188—189.

② 任成孝，任嘉蕊.文化自信与多元文化教育[J].教育理论与实践，2019，39(28).

是帮助大学生实现文化认同、增强文化自信的重要载体，管理中要通过社团组织的目标定位和活动的策划、实施等，形成彰显优秀中华文化的社团活动并积极弘扬，以此来巩固大学生的文化自信。

第三，积极营造体现大学精神和深厚底蕴的校园文化氛围。校园文化是融合社会先进文化、传统精神、大学底蕴、师生特点等元素，长期在大学中探索生成的物质精神文明的结晶。[①]从这个角度讲，高校大学生社团管理应该与所在高校校园文化适配，将具有深厚底蕴与特色的校园文化进行大力传播与弘扬，并及时抵制消极负面的思潮观念和不良苗头，使高校校园文化氛围得以进一步释放和升华。

三、自主性原则

自主性概念随着社会的发展，逐渐从政治领域运用到人和社会生活等方面，而将自主性概念引入学生教育活动中，其内涵也被进一步具体化。[②]如Candy认为，学生的自主性发展应包括四个方面：组织自己学习的能力，形成自己判断和决策能力，确定自身观点的能力和在给定的知识领域为自身立场辩护能力。[③]新时代高校大学生参与社团活动是基于共同的兴趣和平等的地位，具有自发性和自愿性特点，是渴望在参与过程中彰显大学生个性和提升自身综合素质的。因此，高校对大学生社团组织的管理要突出自主性原则，需要高校对社团组织的管理要在不违反法律规范的前提下，尊重大学生社团组织的注册申请、活动策划、组织实施等建设发展过程，积极引导大学生社团组织发扬民主作风，开展自我管理。

在遵循高校大学生社团自主性原则的管理过程中，要做到以下几点：

第一，高校要强化多元化发展的思想意识。这与我国高等教育中“正确认识中国特色与国际比较”相适应，因此，作为大学生社团的管理部门，高校一方面要接受和支持不同类型大学生社团组织的建设和发展，进一步丰富大学生的课余

① 刘维娥．高校校园文化论［M］．北京：中国书籍出版社，2016.

② 柴军应．学生学习自主性：内涵、特征和机制［J］．当代教育与文化．2015（04）．

③ Candy, P. *Reframing Research into “self-direction” in Adult Education: A Constructivist Perspective*［M］.Unpublished Doctoral Dissertation, The University of British Columbia, 1987:18

文化生活；另一方面要理解和宽容大学生在处理社团工作过程中出现的适当的误区并及时给予指导。

第二，社团干部要坚持“以人为本”的原则。高校要支持大学生社团走自主化发展之路，要自觉适应大学生社团培养学生自我管理、自我教育、自我服务的需要，为大学生的成长成才提供发展空间，并且通过成员间的相互作用和影响，为大学生特性的彰显和特长的提升提供展示平台。因此，高校大学生社团管理干部在坚守社团自身的特色外，一定要考虑到社团成员的实际需要，根据每个成员的特点，尽可能做到人尽其才，人人受益。

当然，自主性原则并非是“一言堂”，相反是要在管理过程中引导培育团队精神。大学生社团活动强调自主性，但自主性一旦脱离了团队合作就可能变成了个人主义，所以社团管理部门和管理者必须不断向社团成员强化团队合作意识，使学生能够发挥最大的力量为整个团队的共同利益而努力工作、团结协作，使大学生社团的建设和发展更有凝聚力，更有持续性。

四、法治化原则

法治是一种规范的行为体系，体现出管理模式和范式，也是体现管理者管理理念和价值观的图式。[①]新时代高校大学生社团管理法治化是指在高校大学生社团管理过程中，秉承法治原则，在不违反国家法律法规和校规校纪的前提下，持续规范大学生社团组织的工作秩序和活动过程，并形成有效的执行、监督机制体系，以在规范社团组织运行过程中更好地体现公平、公正。高校大学生社团管理遵循法治化原则，是推进高校大学生社团管理现代化的基本准则，既有助于高校治理法治化的推进，也有利于大学生法治素养和规则意识的养成。实现高校大学生社团组织治理现代化，需要在高校大学生社团管理的全过程中，树立法治化理念，坚持“依法治社”的原则，要明确大学生社团组织需要依据和遵守的“法规”意义、内容和目标，不断推进高校大学生社团组织建设的法治化和制度化，持续增强大学生法治素养和法治意识。

① 韩忠全．大学生管理法治化研究［D］．哈尔滨师范大学，2017.

第一，高校要建立健全外部执行和监督机制。高校大学生社团管理部门要不断完善社团管理规章制度，进一步明晰管理责任，做到社团管理有章可循、有规可依、执行有力、监督有度，实现制度化、规范化发展。就目前发展状况看，我国高校大学生社团组织建设已经有了长足的进步，但需要正视和承认的是，当前我国大部分高校对大学生社团组织在法规上的定位、权责和社团组织行为规范等方面仍然缺乏较为深入的认识和科学的理解，对社团组织"谁来管""谁能管好"等问题也仍然处于探索阶段，"管太多""不敢管""管不到"依然是重点和难点问题。因此，遵循法治化原则的首要任务，就是要明确执行的主体、监管的机制，做到高校对大学生社团组织的管理有序、有力、有度。

第二，高校要建立健全内部自律机制。大学生社团管理遵循法治化原则，需要高校结合高校大学生社团发展实际和自身特点，及时并有针对性指导和督促大学生社团组织优化内部章程，建立科学完备的规章制度，增强社团组织的自律意识和责任意识，提高社团组织的管理秩序，避免大学生社团自由性、松散性和流动性等"与生俱来"的问题出现。特别是在中国特色社会主义新时代背景下，大学生渴望展示自我，社团活动渴望走出校园，各类涉及纪律性、规范性等问题逐步涌现出来，需要高校大学生社团管理部门更有责任通过教育引导、规则监督、典型示范等方式，进一步规范大学生社团运行机制；需要高校大学生社团组织自身以法治理念深化自治管理，使自治管理上水平、可持续，不断增强新时代大学生的法治观念和维权意识。

第三节 新时代大学生社团建设的重要方针

服务学生成长成才是大学生社团建设的重要方针。培养中国特色社会主义事业的合格建设者和可靠接班人是新时代高校的核心任务，《国家中长期教育改革和发展规划纲要（2010—2020）》明确指出，要着力培养信念执着、品德优良、知识丰富、本领过硬的高素质专门人才和拔尖创新人才。随着高等教育改革的不断深化和新时代高校的转型，大学生思想政治教育越来越得到国家的关注和重视，高校的人才培养工作越来越凸显出它的重要地位。在这一培养过程中，高校大学生社团组织扮演着重要角色，对促进新时代大学生成长成才发挥着独特的作用。

大学生的成长成才即是青年的社会化过程。社会化是一个广泛应用于社会学、社会心理学、人类学、政治学与教育学范畴的名词，意指人类学习、继承各种社会规范、传统、意识形态等周遭的社会文化元素，并逐渐适应于其中的过程。对个人来说，社会化是学习同时扮演社会上不同的角色的过程。个人的社会化常受到地区文化的影响，且因个人的成长背景，社会化的过程、内容也会随之改变。大学生社会化的特点突出表现为：社会地位上由社会客体地位向社会主体地位过渡；在接受社会规范和价值标准的方式上，由外在的强制方式转变为自身的内化方式；在社会化内容的选择上，由被动教化到自由选择的转变。大学生社会化的内容具体表现为大学生自身知识技能的社会化、政治社会化、道德社会化、法律社会化和行为角色的社会化。高校大学生社团组织是引导学生了解社会、适应社会的重要平台，是帮助大学生从学校走向社会的桥梁，大学生社团建设有利于加快大学生自身社会化进程，有利于大学生更好地成才成长。高校大学生社团组织是通过塑造大学生健全的人格、提升大学生的学习能力和自主能力等方式来有效促进大学生成才成长的。因此，高校大学生社团建设要坚持服务学生成长成才这一价值取向，要注重塑造大学生健全的人格，提升学生自我服务、自我管理、自我教育能力，充分发挥学生组织朋辈教育作用。

一、努力塑造大学生健全人格

高校大学生社团活动是实施素质教育的重要载体和有效方式，在提升大学生综合素质方面发挥着积极作用。拥有健全的人格是新时代大学生成长成才的关键，而素质教育对于塑造大学生健全的人格具有重要意义。所谓人格是一个人与社会环境相互作用表现出的一种独特的行为模式、思想模式和情绪反应的特征，也是一个人区别于他人的特征之一，是人的社会化的结果。在心理学中，还经常运用“个性”一词表达人格的概念。新时代大学生健全人格的培养和塑造主要表现为以下几方面："能够正确地认识自我，坦率地接受自己的局限并对生活持乐观向上的态度；心胸开阔，善解人意，尊重自己也尊重他人，对不同的人际交往对象表现出合适的态度，在人际关系中具有吸引力和向心力，深受别人的喜欢；人生态度乐观向上，生活态度积极热情，有正确的世界观、人生观和价值观，能够用理性分析生活事件，头脑中非理性观念较少；具有自我发展、自我塑造与自我完善的能力；人格独立，自信自尊，能够充分开发自身的创造力，发现生命的意义并选择有意义和创造性的生活。"①与知识传授和技能培养相比，素质教育更侧重于学生的个人品质和人格的教育。因此，高校需要发挥好大学生社团组织对塑造大学生健全人格的独特优势。

在高校大学生社团建设中，要在保持大学生社团多样性的基础上，着重加强思想政治类、心理健康类、公益志愿类等社团组织的培育和扶持力度，充分发挥该类社团组织在保持大学生心理健康、培育大学生奉献精神、锻造大学生优良品格等方面发挥的重要作用。

二、有效提升大学生自我服务、自我管理、自我教育能力

培养大学生的自主能力和自立意识是实现大学生成长成才的重要条件，也是推进大学生社会化进程的重要内容。加强大学生社团建设，需要高校着重在提升学生自我服务、自我管理和自我教育能力方面下功夫。

大学生社团组织的自由匹配和自主需要与高校对社团组织的严格管理之间的矛盾是当下我国大学生社团建设所面临的主要矛盾。一方面，大学生社团是在高校社团管理部门注册登记过的"正式"学生组织，其自身活动必须在学校规定的框架范围内进行，要受到学校相关社团制度的约束和限制；另一方面，大学生社团的"自组织"特性往往导致社团自身的"自由性""散漫性"和"不规范性"，这就与高校对社团建设的规范性要求产生了矛盾。另外，高校出于大局和整体考虑，往往对大学生社团组织开展的活动形式和内容等方面采取严格的审查评估制度，这也容易导致社团成员产生抵触情绪。因此，如何实现高校对大学生

① 梁德智．论大学生人格教育的问题及对策［J］．西安建筑科技大学学报（社会科学版），2007（3）．

社团建设的规范性要求与大学生社团的自主性有效融合，是有效提升大学生社团组织自我管理能力的关键所在。

高校大学生社团组织的“自我服务、自我管理、自我教育”是建立在遵守和服从高校社团管理规范的基础之上的。加强高校大学生社团建设，培育高校大学生社团的自主能力，一方面要强化高校对大学生社团组织的管理和指导。这种管理并不是简单、粗暴式的“封堵”和禁止，而是要在符合社团发展实际、合乎高校社团管理规范的基础上，对大学生社团组织进行有针对性的引导和支持。需要高校对大学生社团建设给予必要的资金、场地、设备、人力和技术等方面的支持，为大学生社团组织的自主发展提供强有力的后盾保障；另一方面要优化大学生社团组织的内部管理结构，提高社团组织的自我治理能力。高校要给予大学生社团组织留有一定的社会化空间，以有效提升大学生社团的社会化水平；另外，高校要对大学生社团组织实施分类管理。对大学生社团组织是“扶”还是“压”，应该以“是否有利于青年大学生成长成才”为选择标准。对于能够促进大学生专业能力、学术水平、道德修养和服务意识提升，且政治敏感度较低的高校社团，高校要给予大力扶持，并对其提供尽可能多的支持与帮助；对于政治敏感度相对较高的社团组织，高校要加强思想政治引导，保障其在国家法规和校纪框架内开展活动；对于内容质量低劣、缺乏纪律性、偏离正确发展方向的大学生社团组织，高校要坚决给予打击和取缔，为新时代青年大学生的健康成长营造和谐稳定、积极向上的校园文化氛围。

三、充分发挥学生组织的朋辈效应

朋辈群体是青年学生成长成才的重要环境因素，在某种程度上，它对青年学生的影响可能会超过父母和教师的影响。[①]大学生社团是典型的朋辈群体，其特征表现为关系平等性、沟通民主性和交流互动性。关系平等性是指大学生社团作为同辈群体，相互平等是其成员之间关系的基本形态。相比其他学生团体组织，高校大学生社团的组织结构更加扁平化，其内部管理层级也相对较少。加入社团

① 韩流．赢得未来［M］．北京：北京大学出版社，2008：86.

的青年大学生，“其参与社团的初衷基本都是由于在兴趣、爱好、特长、观念等方面具有某种程度的一致性，从而在社团活动中表现出极高的热情和主动性，并在彼此的交往和相处中相得益彰，大家都能为共同的目标而努力”①。

鉴于大学生朋辈之间较强的相互影响效果，强化大学生社团组织朋辈间的相互教育效应便成为新时代高校大学生社团建设的重要内容。首先要发挥好社团负责人的领导带动作用。社团负责人是整个社团组织的中坚力量，一个社团能否健康、可持续发展与该社团组织是否具有素质高、能力强的负责人密切相关。社团负责人能否具有良好的品行、是否以身作则，对社团成员有着潜移默化的影响；其次要发挥好学生榜样的示范引领作用。青年大学生具有较强的竞争意识，选树优秀学生榜样，宣传其先进事迹，能够激发普通学生不断超越自身和“强者”的动力，有助于营造“比、学、赶、帮、超”的社团文化氛围；三是要在社团组织内部建立并完善长效的学习机制。在社团组织内部定期开展经常性的会员交流活动，会让社团成员更加清醒地认识自己、正视自己，及时发现自身的不足和问题，通过相互学习来实现社团成员的共同进步、共同提升。

第四节　新时代大学生社团建设的总体目标

文化育人是新时代高校大学生社团建设的总体目标。社团文化是社团在长期的组织、管理、活动过程中形成的相对稳定且具有正能量的社团价值、社团精神、社团观念和社团氛围等。高校大学生社团组织是大学生满足兴趣、增长经验、强化沟通、提升技能、实施课外教育的重要阵地，它为大学生综合素养的提升提供了重要支撑平台。通过参与社团活动，能够有效帮助大学生认知自我、认知社会、陶冶情操、完善个性。社团活动中形成的文化氛围和文化环境，可以进一步提升大学生的审美理念和审美情趣，培养乐观向上的健康心态，满足大学生

① 许俊杰．当代高等学校大学生社团特征与情感管理［J］．安庆师范学院学报（社会科学版），2008（6）．

“求新知、求技能、求娱乐、善交际、善表现”的心理需求。[①]同时，大学生社团活动能够提高大学生的组织管理、协调沟通、语言表达等能力，培养大学生的担当意识、责任意识、纪律意识和感恩意识，帮助大学生更快、更好地适应社会、融入社会。总之，高校大学生社团建设具有重要的文化育人功能。加强高校大学生社团建设，必须坚持正确的文化育人导向，不断深化文化自信的内涵，引导大学生树立正确的价值观，营造具有鲜明特色的浓郁的、高品位的校园文化氛围。

一、积极引导大学生树立正确的价值观念

新时代大学生呈现出来的新特点、新变化，要求高校必须更加重视大学生的意识形态工作，需要积极引导大学生树立正确的价值观念。当代大学生绝大部分是“90后”“00后”，被称为“孤独的一代”。他们大部分出生于21世纪前后，绝大多数学生没有物质匮乏、生活贫困的切身体验，在所谓的“4+2+1”或“6+1”的家庭结构中，可以称得上集万般宠爱于一身，从小便享受着上几代人所不能比拟的家庭温暖和教育条件。但是，缺少兄弟姐妹陪伴带来的孤独感，从小过着“留守”生活的失落感，因受到过分关注而导致的自我中心主义，因优越的生活条件而催生的享乐主义，成了许多“90后”“00后”共有的群体特征。这些特征在当代大学生身上的主要表现是：生长环境的孤独感使得他们既渴望与同龄人加强交往，又会在交往过程中表现出不同于前几代的一些新的特点，如群体成员间交往的情感因素弱化、同辈群体间的交往时间较之以前相对较少、群体成员间在交往方式上转向多样化等；强烈的自主意识使他们显得格外自信、个性张扬，也容易招致缺失集体主义精神和责任感的批评；市场经济不仅赋予了他们优越的物质生活，还有一整套价值观，如个人主义、现实主义、实用主义哲学大行其道，理想主义情怀却日渐荒芜[②]。

---

① 马可心等．大学生社团建设理论与实践研究［M］．北京：经济管理出版社，2018：12.

② 张彦，韩流．学生社团组织与学生成长成才研究［M］．北京：北京大学出版社，2012：21—23.

相比于物质生活的丰富和改善，新时代大学生的精神世界更需要关照和引导。作为培养中国特色社会主义事业合格建设者和可靠接班人的高校，必须坚持以“立德树人”为根本任务，并且“以德为先”，不断加强和改进大学生思想政治教育，强化社会主义核心价值观教育，使大学生在学习生活中树立正确的价值观。

加强高校大学生社团建设，是新时代高校全面落实立德树人根本任务，全面实施素质教育的重要途径，有助于大学生综合素养的提升和正确价值观念的养成。大学生在参与社团活动过程中，不仅能够提升自身的审美观念和专业技能，还有助于培育和增强自身的责任意识、自主意识和处事能力，尤其是对于养成正确的世界观、人生观、价值观，具有重要的推动作用。

二、持续强化大学生的文化自信

习近平总书记指出：“文化自信，是更基础、更广泛、更深厚的自信。”[①]文化自信是对中华优秀传统文化、革命文化和社会主义先进文化的自信，坚定文化自信，强化了中国从大国走向强国的心理基础。人类历史充分证明，一个国家在走向强大的过程中，必然要伴随着自身文化的繁荣强盛，也就是要实现文化自强。文化自强的生成逻辑在于：通过文化自觉和文化认同，实现文化自信。通过坚定文化自信，最终实现文化自强。文化自觉指的是“生活在一定文化中的人对其文化有‘自知之明’，明白它的来历、形成过程、所具有的特色和它发展的趋向”[②]。文化认同是指经过文化自觉，对自身文化有了充分的认知，并通过对自身文化的理性反思，从而在心理和情感上形成一种对自身文化的承认和依赖感，并能在现实生活中主动传承和践行的过程。

高校大学生社团组织是实现文化自觉和文化认同的重要平台，有助于大学生进一步增强文化自信，深化文化自信内涵。高校许多大学生社团组织具有普及文化和传播文化的功能，大学生通过加入社团组织和参与社团活动来实现对自身文

---

① 中共中央文献研究室．习近平关于社会主义文化建设论述摘编［M］．北京：中央文献出版社，2017：13.

② 费孝通．文化与文化自觉［M］．北京：群言出版社，2010：195.

化的认识和了解。例如文化艺术类社团中的文学社、书法协会、汉服社、茶艺社等社团组织，就是典型的传统文化知识宣传普及类社团；政治理论类社团中的青马研究会、毛泽东思想研究会、国防教育社团、党建协会等社团组织，是对高校大学生进行革命文化和社会主义先进文化宣传教育的重要阵地；地域文化类社团中的西域文化传播交流协会、荆楚文化研究会、齐鲁文化研究会、湖湘文化研究会、中原发展研究会等社团组织，能够帮助大学生深入了解我国的地域文化，感受中华文化的博大精深。此外，学术科技类、体育健身类、公益志愿类等类型社团组织中也蕴含着中华优秀传统文化的因子。大学生在社团实践中不断加深对中华优秀文化的认知和了解，在社团活动中不断强化文化认同和文化自信。

三、努力营造高品位的校园文化氛围

高校大学生社团是高校校园文化的一张靓丽的“名片”，加强高校大学生社团建设必须营造高品位的高校校园文化氛围。校园文化指的是“以社会先进文化为主导，以师生文化活动为主体，以校园精神为底蕴，由校园中所有成员在长期的办学过程中共同创造而形成的学校物质文明和精神文明的总和”[①]。大学校园文化反映着校园主体的思想观念、价值取向和行为偏好，是校园主体知识素养和文明素养的重要体现。高校师生是校园文化的主体，由于高校教师和大学生的知识水平、文化层次和素养较高，使得校园文化呈现出高雅性的特质。与社会环境中一般群众所追随的大众文化不同，校园文化的格调更加高雅，也更具先进性。在高校校园中，积极的、正确的价值取向会得到大力传播与弘扬，而消极的、负能量的思想观念会被严格批判和抑制，这将有利于高校校园主体的积极思想得到不断熏陶和升华。同时，这种校园文化通过不断地向社会传播和扩展，会极大促进全社会高品位文化氛围的形成。

---

① 刘维娥. 高校校园文化论［M］. 北京：中国书籍出版社，2014：5.

第六章　大学生社团规范化建设路径

第一节　新时代大学生社团的组织建设

组织建设是高校大学生社团建设的基础。建立健全结构完整、运行高效的社团组织体制机制是新时代高校大学生社团健康、稳定发展的重要保障。加强高校大学生社团组织建设，需要高校针对当前大学生社团组织建设出现的社团类别不清晰、自治能力不强、创新意识薄弱等问题，在社团类型、自治能力、创新意识等方面进行规范和优化，从而打造出一批社团类别规范、自治能力较强、创新意识较好、发展方向明确的高校大学生社团组织。

一、规范划分学生社团的类型

目前高校大学生社团组织之所以会出现类型模糊不清晰、管理混乱不规范的现象，主要原因在于高校大学生社团管理部门对社团的注册、登记、审核、评估把关不严，缺乏分类设置的意识，对社团类别区分的不科学、不细致、不规范。

规范划分大学生社团类型，高校要在明晰以上问题出现的原因基础上，科学构建社团分类指导机制，从而更好地对诸多社团组织进行分类、分层、分级。一是对社团分类。高校社团管理部门要依据社团组织的自身属性、活动主题等标准将社团分为多种类别。要善于总结和掌握同类别社团组织的运行和发展规律，为更好地开展社团工作提供普适性的方法论指导；二是对社团分层。高校社团管理部门要依据社团组织的活动质量和规范程度，将社团划分为不同层次，从而明确对不同层次社团组织的支持力度；三是对社团分级。高校社团管理部门要根据社团组织的政治性、发展规模、影响力等指标将社团划分为不同的级别，以明确对不同级别社团组织的关注程度。分类方法不同，所侧重的角度也不一样。分类主要侧重于对社团组织横向上的差异进行区分，而分层、分级主要侧重于对社团组织纵向上的差异进行区分。但分层和分级也有一定的区别，分层是将社团组织分为“好、中、差”等不同等级，是高校管理部门对社团组织进行评价、考核的重要依据；而分级是对社团组织进行价值判断，并以此作为高校对社团组织进行监督管理的重要参考。

新时代背景下，各高校应结合学校发展实际科学设置社团类别，以便更好地对社团组织实施分类指导；要充分研究不同类型社团组织的育人差异，并在社团成立审批过程中给予合理规划布局。以北京大学为例，北京大学学生社团分为政治理论、学术创新、体育健身、文化艺术、公益志愿、实践促进、合作交流、地域文化共八个类别。[①]《高等学校大学生社团管理暂行办法》将学生社团分为思想政治、学术科技、创新创业、文化体育、志愿公益、自律互助等类别。因此，各高校在审批、组建新的大学生社团组织时，一方面要避免重复性设立社团，以免造成高校有限资源的分散和浪费；另一方面要鼓励和引导学生重点发展公益志愿服务类和专业文化育人类社团，以更好地引领高校大学生社团组织的价值走向。

由于不同类型的大学生社团组织在实际运行过程中会产生积极或者消极影响，因此需要高校大学生社团管理部门在对高校社团进行规范分类的基础上要对其进行科学评估，以确定对不同类型社团组织采取适应的管理方式；需要高校大

---

① 北京大学学生社团［EB/OL］. 北京大学网站，https://www.pku.edu.cn/campuslife/xsst/index.htm/.

学生社团管理部门制订相应的大学生社团组织管理应对方案，对不同类型的社团组织实行差异化管理。尤其是对社会化、商业化和国际化程度比较高的社团组织，要进一步加大监管力度，对涉及政治敏感性问题、安全问题的社团组织要重点关注并强化指导；需要高校大学生社团管理部门在保证社团享有自主决策和自由行动的前提下，按照国家法律法规和学校社团管理相关规定，及时跟踪了解社团活动的进程并进行必要的指导和监管，准确把握社团活动的正确方向，引导广大青年学生健康成长；需要高校大学生社团管理部门在分级指导方面，对发展规模较大、发展速度较快的社团组织实施过程监督和针对性指导，加强对该类社团骨干的培训，强化该类社团组织的内部制度建设。

二、有效提升社团组织的自治能力

高校大学生社团组织存在的意义在于满足学生不同兴趣爱好的需要，为大学生提供展示自我、提升自我、彰显个性的广阔舞台。基于大学生社团的多元化需求导向，大学生社团组织为了满足大学生的多样化需要，必须保证自身拥有明显的个性和相对独立性，而社团的个性体现和独立性的维持则需要社团组织自治给予充分保障。大学生社团组织的自治性，指的是大学生社团组织的建立、管理、社团活动的设计和开展、社团成员的发展和进步都带有一定的学生自主特性。自治性是高校大学生社团组织存在和发展的内在特性，是促使大学生个性养成的必备条件。因此，新时代背景下有效提升大学生社团组织的自治能力显得尤为重要。

提升高校大学生社团组织的自治能力，首先要树立多元化发展思想，提倡高校大学生社团发展“百花齐放、百家争鸣”。新时代高校大学生社团建设和发展的自主性与当前我国社会文化和高等教育目标的多元化发展趋向相契合，因此，高校大学生社团负责人一方面要包容并接受自己社团之外的其他社团组织，要协调好、处理好与兄弟社团之间的关系；另一方面要理解并接受本社团成员的不同个性，充分调动每个成员的积极性，实现社团成员扬长避短、和谐共处；其次要坚持“以学生为本”的发展理念，满足学生的个性发展需求。大学生社团组织是高校对大学生实施素质教育的重要载体，为满足学生某方面的个性发展需求提供了平台支持，有利于大学生彰显个性和发挥特长。因此，高校大学生社团管理者在坚守社团本身特色的基础上要照顾到每个成员的发展需求和个性特点，尽可能做到因材施教，人尽其才，人人受益。最后要突显集体精神。虽然高校大学生社团组织主张自主、自由，可一旦这种自主、自由缺乏集体精神的支撑就容易异化为个人主义、利己主义。因此，高校大学生社团组织要重视并加强对成员的大局意识观和团队意识的培养，促使社团成员要时刻围绕集体目标和团队利益开展工作，坚决反对社团组织中的个人主义和利己主义。

三、积极培育社团组织的创新意识

创新是一个民族进步的灵魂，是一个国家兴旺发达的不竭动力。高校大学生社团是由大学生依据共同志趣自愿组成的群众性学生组织。新时代大学生群体思想开放、思维灵活、乐于探索、愿意追求新鲜事物，因此创新性在新时代大学生群体身上体现得尤为明显。在社团活动开展过程中，大学生将自己的创造性想法和创新性理念融入社团活动策划方案之中并付诸实践，能够给人耳目一新的震撼性感受和独具风格的体验。从实际上看，虽然大学生自身具有较强的创新意识，但作为将基于共同兴趣的大学生组织起来的大学生社团组织来说，由于受到外界环境及诸多因素（如学校职能部门的管制、校园风气、社团文化氛围等）的影响，其活动的创新性往往体现得不明显，无论是活动策划还是活动形式，往往因循守旧，缺乏突破性和创新性。

如果一个群体组织长期缺乏创新力，那么这个组织就会丧失开拓进取的动力，其自身离衰亡也就不远了。因此，要实现新时代高校大学生社团组织长期、稳固的发展，积极培育其创新意识就显得尤为重要。

培育高校大学生社团组织的创新意识，首先需要高校社团管理部门要为社团的自主发展提供相对宽松的外部环境，为社团组织创新意识的培育提供强力支持和广阔空间。同时，高校在社团组织管理和服务中必须坚持“以学生为本”的发展理念，不断激发社团成员的主动性和创造力，实现社团组织管理从“被动防御”到“主动引导”。“被动防御”是以保守的心态来管理社团组织，即以社团“不出问题”为导向，对社团的创新性活动和创新性想法持消极态度，客观上造成了社团组织“死气沉沉”的现实生态。从“被动防御”到“主动引导”，就是要求高校大学生社团管理部门对社团组织的创新性活动实行“重点关注”，保持积极鼓励和热切回应的态度。同时，要大力支持社团组织的创新改革，切实满足大学生社团组织的创新性需求，为创新性开展社团活动提供必需的场地、设备、经费等条件支持；其次需要高校大学生社团组织内部要营造出一种鼓励创新、支持创新的浓厚氛围，培育以创新为主导的社团文化，鼓励成员要多想新点子、多找新视角、多出新理念，并在具体的社团活动策划和执行过程中有针对性培养学生的创新思维，持续提升学生的创新能力。

四、科学制定发展计划

制定合理的、切实可行的发展计划是高校大学生社团组织建设和发展的重要环节。制定科学、合理的社团发展计划的前提和重点之一就是要对本社团组织进行准确定位。

目前，高校大学生社团建设普遍存在定位不准确、方向不明确和目标不清晰，忽视社团活动开展的基本原则和要求，活动形式大于内容，活动缺乏独立性和特色性等问题。例如，以献爱心为宗旨和特色的社团组织，究竟是哪方面的爱心，是农村留守儿童爱心，还是医学爱心、扶贫帮困爱心，或者是保护环境爱心？这一点是必须明确的。如果该类爱心社团组织什么都可以做，那就很容易与其他公益类社团组织的特色相冲突，其特色也会因其不具有“专一性”而逐渐消解。社团定位不清楚，不但与社团自身建立原则相违背，还会造成社团活动的主题重复、资源浪费、效率降低以及冲突风险的增加。

因此，高校大学生社团发展计划中一定要着力突出社团自身的业务建设。新时代高校大学生社团建设要始终坚守自身特色，不应贪大而求多求全，不能一窝蜂地跟形势，更不要搞形式主义。始终坚守自身特色开展活动，是新时代高校大学生社团组织存在的价值和意义，失去特色社团就会丧失存在的意义。试想如果所有社团都做相同的事情，开展相同的活动，那么高校就没有必要存在更多的社团了。另外，如果一个社团组织不能彰显出有别于其他社团组织的独特性，发挥不了独特的优势和作用，那么这个社团存在的意义也就不大了。因此，大学生社团组织做好自身业务工作，将特色做大做强是其“安身立命”的根本。

另外必须强调的是，高校大学生社团发展计划中要着力突出社团的品牌意识和品牌战略。特色品牌是一个组织的核心竞争力，是保持其永盛不衰的“源动力”。品牌能够彰显组织的基本价值理念，提升组织的核心竞争力，赢得更多公众的信任和支持；特色是社团活动的根基，品牌是特色的具体化，是独具特色的招牌。因而，新时代高校大学生社团组织不仅要有特色，还应有品牌。要以品牌树立社团形象，发挥好品牌对社团组织的宣传和凝聚功能。打造社团组织的品牌特色，不仅可以提升社团自身形象，扩大自身的知名度和影响力，也对其他社团活动质量的提升有着积极的带动作用，在高校大学生社团建设中形成一种“比、赶、超”的良好氛围。同时，在高校大学生社团组织的品牌建设中，要积极鼓励发展思想性、实践性、创新性、凝聚力强的优秀社团组织，坚决调整或撤销缺乏政治性、思想性和实践性，且具有误导倾向和负面效应的社团组织，通过实施高校大学生社团品牌发展战略和品牌发展计划，建立健全社团组织的优胜劣汰良性发展机制，进一步推动高校大学生社团组织的稳步持续发展。

第二节　新时代大学生社团的管理建设

管理建设是高校大学生社团建设的关键环节。强化高校大学生社团管理建设，就是要建立科学完善的社团外部管理机制和运行高效的社团内部管理机制。外部管理侧重于学校社团管理部门对社团的指导、服务和监督，以及营造社团管理所需要的外部环境，处理好学校社团与外部团体、跨校社团的关系；内部管理侧重于社团内部运行机制的完善和优化。新时代背景下加强高校大学生社团管理建设，要紧紧围绕“立德树人”根本任务和素质教育的根本要求，在落实好共青团“第二课堂成绩单”制度的基础上，在对大学生社团组织实行有效的政治引导和重点监管、建立科学的内部管理机制、深化学分化管理模式等方面下功夫。

一、持续加强大学生社团组织的政治引导和有效监管

虽然目前高校大部分学生社团都属于非政治性学生自治组织，但绝不意味着因为其自身的非政治性就代表着其自身属性与政治绝缘。《社会团体登记管理条例》明确规定："社会团体必须遵守宪法、法律、法规和国家政策，不得反对宪法确定的基本原则，不得危害国家的统一、安全和民族的团结，不得损害国家利益、社会公共利益以及其他组织和公民的合法权益，不得违背社会道德风尚。"[①]《条例》相关规定是对社团活动的底线要求，高校大学生社团开展活动必须在国家法律法规以及校规校纪允许的范围内进行，要始终坚持党的领导，始终坚决同以习近平同志为核心的党中央保持高度一致。新时代背景下，高校大学生社团要坚定"四个自信"，增强"四个意识"，做到"两个维护"，积极拥护中央权威，使社团活动始终坚守道德的高压线、保守政治纪律的底线。

建立健全社团监督管理体系是高校大学生社团管理工作的重要内容。构建完备的监督管理体系，就要不断完善大学生社团审批制度、活动审批制度、负责人例会制度；就要创新监督管理体系，成立社团活动监督小组，以强化社团内部监督和社团活动监督；要建立健全社团"特派员"制度，在保障社团"特派员"独立性的基础上，由"特派员"对社团组织的管理和活动全过程进行有效监督指导，对社团活动的开展情况形成客观、系统的评价，并向高校社团管理部门及时提交监督评价报告；要完善社团财务监督制度，成立财务监督管理小组，对社团的财务预算、财务支出等项目进行全面细致的监督，以保障社团活动经费使用的规范性、合理性。同时，还要对社团开展的重点活动项目实施跟踪式监督，从根本上保证社团活动方向正确、组织有序、效果显著。

二、科学构建权责明晰的社团管理体系

科学建立权责明晰的社团管理机制，就是要构建一套包含"系统化运

---

① 社会团体登记管理条例（1998 年 10 月 25 日国务院令第 250 号发布）[EB/OL]. 中华人民共和国民政部网站，http://www.mca.gov.cn/article/gk/fg/shzzgl/201507/20150715847907.shtml/2007-09-05.

筹”“客观化计划”“具体化落实”“规范化执行”“过程化监督”的管理体系，为高校大学生社团管理工作的顺利实施提供全面的制度保障。

第一，建立系统化运筹体系。系统化运筹指的是为了达成社团管理工作的预期目标而采用的全方位、系统化的工作理念。这种全局化思维是通过对校内外各类资源的有效整合和对全局的有效把控的方式来实现的。作为一个完整系统，高校大学生社团组织内部既包括相互关联的各子系统分支，同时又与外界的高校环境系统以及整个社会大环境系统保持着千丝万缕的联系。

高校大学生社团组织这一系统的正常运转是由其内部的软件系统和硬件系统共同支撑起来的。软件系统包括社团目标、价值观和运作方式等内容。硬件系统包括社团活动开展所必需的经费、场地、设备、人力等物质资源以及技术能力。软件系统能够保证社团行驶的航向不偏离，硬件系统能够为社团的稳定、可持续发展提供物质保障。高校大学生社团组织不断从校园系统和外界系统吸收相应的软件和硬件支持，以保障自身的整体发展得以延续。高校大学生社团要积极优化自身组织流程，打造自身独具特色的社团文化，培育正确的社团价值观，为自身发展创造有力的软件环境。高校大学生社团管理部门要对社团活动的经费申请、场地借用、教师指导等方面提供支持和帮助，以便更好地为高校大学生社团组织高质量发展创造宽松的外部环境和硬件支持。

第二，建立客观化计划体系。客观化计划指的是根据社团自身实际发展状况而制定出的社团整体发展规划。这种规划能够为社团整体发展提供客观指导，保障社团活动有效开展并取得良好效果。社团计划制定主体大致分为三级：一是高校社团管理部门在学校相关工作安排的基础上，围绕学校建设发展任务和目标，确立社团工作重点，为社团提供宏观指导；二是社团自身要依据学校社团管理部门的相关要求，采取社团民主集中和集体协商相结合的方式，针对社团的目标任务、实现方式、实施条件等形成社团每年整体发展计划，并及时向外界公布，以督促其认真执行；三是社团负责人要根据自身工作职责，制定相应的社团年度工作计划和实施方案，为社团活动的顺利开展把关定位、出谋划策。

第三，建立具体化落实体系。社团战略目标和整体计划制定好以后，全面落实社团工作目标是社团管理建设的重要环节。落实目标任务的关键是要做到目标分解、权责一致。社团活动总体目标确定以后，需要进一步明确社团项目负责人，按照校级、院级和社团层级将任务层层分解，将目标任务分解到个人。同时，要明确社团负责人的职责权限和职责范围，保证每个人各司其职，使社团活动各项任务都能获得积极落实。另外，还要建立负责人之间的联络沟通机制，增强社团各层级负责人的团结协作能力。

第四，建立规范化执行体系。在社团目标任务和相应责任明确到个人以后，最重要的工作就是任务的具体执行和落实。基于高校大学生社团组织的自主性特点，将由社团成员即大学生自身来具体执行和落实。为保证社团任务执行过程中的规范性，避免大学生执行和落实过程中出现盲目性和随意性，高校社团管理部门需要制定相应的管理细则，明确社团管理规范化要求。在具体的社团管理中要实现“三个规范化”：一是管理规范化。要选择科学合理的社团管理模式，对社团内部管理人员和社团成员强化规范意识，优化管理流程，做到社团管理有规可依；二是执行行为规范化。从社团注册审批、经费使用，到活动设计、开展、总结、监督等环节，都要依规进行。尤其是要加强对社团活动过程的监督，要对社团活动全过程实施督导，以防止侵犯社团成员权益、损害社团利益以及具有社会危害性的行为发生；三是社团组织换届选举规范化。在换届选举过程中，必须坚持民主集中制，做到公平、公正、公开，能者上、庸者下，确保选出德才兼备、能力突出的社团干部。

第五，建立过程化监督体系。社团管理的过程化监督，指的是在社团组织的日常管理运行以及社团活动开展过程中采取的一套监督、检查、调整等措施，以保障社团向预定目标发展。社团管理的过程化监督主要分为事前、事中和事后监督。一是加强事前保障监督。各社团组织要逐步建立健全完善社团联系人制度、社团例会制度、社团成员代表联席会议制度等一系列规章制度。建立社团联系人制度，要求高校大学生社团联合会干部要与指定社团组织建立定向联系，负责对该社团组织的日常工作和社团活动进行监督考察，并将监督考察结果作为社团年度考核主要依据，以激励和督促高校各类大学生社团组织加强并做好管理工作；二是完善事中过程监督。要注重发挥社团组织会员对社团日常管理的民主监督作用，积极吸纳社团会员好的建议和想法，并以此为契机和依据，对社团组织管理工作进行积极的优化和改进；三是强化事后结果监督。高校要成立社团工作考核小组，建立科学、有效、合理的考核奖惩机制，并依据社团日常工作表现和年度考核结果对其采取相应的奖惩措施，达到以考核强化社团管理，以监督促进社团建设的效果。

三、推广实施社团活动学分制管理模式

学分制是高校深化本科教育教学改革的重要举措。目前，我国各高校已全面实施。所谓学分制是相对学年制而言的，是把规定的毕业最低总学分作为衡量学生学习量和毕业标准的一种教学管理制度。学分制充分体现了“以人为本”的教育思想，尊重学生选课、选教师、选修学计划的自由，有利于培养学生的个性，充分发挥各自的潜能。在学分制教学体制下，学校就像一个教育大超市，里面的“课程商品”琳琅满目，学生就是顾客，是上帝。上什么课，自己选；想听哪位老师的课，自己挑；什么时候上课和做实验，自己定。

随着我国高等教育改革的不断深入，高校办学规模不断扩大，大学生社团发展迅速，社团类型丰富，活动多样，参与人数众多。为适应新形势下大学生社团发展的新要求，2005年，共青团中央、教育部联合下发了《关于加强和改进大学生社团工作的意见》，随后，全国部分高校开始尝试对大学生社团活动实施学分制管理。例如，作为全国首批“第二课堂成绩单”制度试点高校的辽宁石油化工大学就是较早实施社团活动学分制管理的高校之一。该校2009年制定出台的《大学生社团活动学分实施办法》明确规定：“学生在校期间完成自主学习2学分，社团实践2学分，方可获得毕业资格。”这一举措进一步加强了大学生社团活动的规范管理，激发了大学生参与社团活动的主动性和积极性，促进了大学生综合素质的提升。

大学生社团活动是高校“第二课堂”的重要组成部分，随着高校大学生社团活动学分制管理模式的不断发展成熟，2016年团中央开始推行“第二课堂成绩单”制度试点工作，全国首批38所试点高校通过在“第二课堂”的课程设计、系统开发、制度构建、理论研究等方面的深入探索、研究，最终，圆满完成了依托

"到梦空间"[①]网络管理系统客观记录、有效认证、科学评价学生"第二课堂"活动参与情况的试点任务。2018年共青团中央、教育部印发的《关于在高校实施共青团"第二课堂成绩单"制度的意见》明确指出：实施"第二课堂成绩单"制度是落实习近平总书记提出的"要重视和加强第二课堂建设"重要要求、持续推动高校思想政治工作改革创新、深度融入高等教育综合改革、不断完善学生发展服务体系的迫切需要。目前，全国已有200多所高校推广实施"第二课堂成绩单"制度，对"第二课堂"活动进行学分制评价和课程化管理，构建一整套关于"第二课堂"的"可记录、可评价、可测量、可呈现"的工作系统，促进了"第二课堂成绩单"成为高校人才培养质量评估、学生综合素质评价、社会单位选人用人的重要依据。如今，"第二课堂成绩单"的模块设计仍在进一步的开发完善过程中，其中管理模块、内容模块、评价模块、监管模块等大数据建设还在不断丰富完善。北京科技大学、天津大学、东北大学、辽宁石油化工大学、同济大学、宁夏大学等第一批试点高校通过实施"第二课堂成绩单"制度，大学生社团的管理水平、活动质量、参与人数均有了显著提升，育人成果充分显现。

高校推广实施社团活动学分制管理模式，需要在领导体系、课程体系、记录评价体系、数据信息体系、动态管理体系、价值应用体系等方面进行持续的完善和优化。一是在领导体系方面，要在校、院两级团委组织下设社团活动学分化推进机构，专门负责社团活动学分管理的相关事宜；二是在课程体系方面，要根据大学生社团组织的不同类别，紧紧围绕"思想政治、文艺体育、公益志愿、创新创业、实践实习、技能特长"等内容设计课程项目，各学生社团组织负责课程项目的计划和实施；三是在记录评价体系方面，要对各课程项目的学分设定进行科学规划和论证，社团管理部门要客观、如实记录会员的课程得分；四是在数据信息体系方面，要建立学分数据信息平台，及时、准确、全面地采集、填报、审核、发布会员的数据信息；五是在动态管理体系方面，要建立完善的质量检测评

---

① "到梦空间"又称为共青团"第二课堂成绩单"网络管理系统，是按照团中央书记处书记的指示要求，由团中央学校部与全国学校共青团研究中心共同指导开发的多终端免费校园应用程序。是总结30多所高校共青团工作系统和经验，基于云端开发的一款易复制、可推广的智慧第二课堂的专业工具，并积极融入智慧校园，助力"第二课堂"成绩单制度改革。

估体系，对学分进行分析评价，确保评价结果的客观性和合理性；六是在价值应用体系方面，要将学分评价结果合理应用到学校了解学生成长和优化人才培养模式等方面，既可以为学生评先争优提供参考，也可以作为用人单位选人用人的重要依据，使其成为联结学生、学校、社会的重要纽带。

第三节 新时代大学生社团的机制建设

新时代高校大学生社团作为中国特色社会主义校园文化的重要组成部分、作为高校共青团工作的重要着力点，在落实立德树人根本任务上具有不可替代的重要作用。近年来，随着我国高等教育改革不断深化，我国高校的教育事业也进入了一个新的发展时期，这也催生了高校大学生社团组织的蓬勃发展，发展规模越来越大，社团类型越来越丰富，参与人数越来越多。但我们也必须清醒地认识到，新时代条件下高校学生工作仍面临诸多困难，当下国际国内热点事件频发、高校大学生社团不良舆情屡有曝光，如何为大学生社团管理提正气、如何为大学生社团发展提活力、如何为大学生社团服务提能力，是一道关乎高校共青团改革成效的时代命题。而机制建设就是破题之匙，以机制建设为中心，推进高校大学生社团工作由“管理”向“治理”转型，由“传统”向“现代”进军，是新时代高校大学生社团规范化建设的第一抓手。

一、健全培训机制

第一，要完善社团成员培训机制。随着中国特色社会主义进入新时代，整个社会对高校大学生的综合素质也提出了更高的要求。作为社团成员的大学生，更应该在进入社团起就接受系统组织培训。例如，在进入社团组织初期，社团应该在其内部组织集中培训学习社团发展历程、社团宗旨、社团制度、社团发展目标等，以便能让社团成员全方位了解社团及社团文化，真切感受到社团组织的凝聚力和浓厚的社团文化氛围；在进入社团承办活动前期，社团应根据活动具体要求，培训社团成员认真学习社团活动开展的程序、活动策划书编写基本格式及内容、活动经费的使用以及报账流程等。同时，要培训社团成员学会同其他社团友好交往，互相学习，取长补短，争取把社团活动做大做强；在社团活动开展完成后，社团要培训成员学会及时总结反思经验教训，及时制定社团未来发展计划及目标。同时，要持续关注社团成员的心理发展状态，对思想积极、表现活跃、能力突出的成员，要对其进行综合考核，并将考核合格的成员作为储备干部进行能力提升培训，以保证社团后续工作的开展。

但是，社团成员的培训不仅是社团内部的任务，同时也是高校大学生社团联合会的工作职责。高校大学生社团联合会应在换届时对新上任的社团骨干进行系统培训，使其充分认识社团组织的职责与义务，并学会在社团发展过程中同社联保持沟通和联系。

第二，要完善指导教师培训机制。社团指导教师对大学生社团组织的建设发展起着基础性作用和导向作用。社团指导教师不仅要拥有深厚的专业知识，更要对社团的指导工作有着浓厚的兴趣和较高的热情，但事实上同时符合以上两点条件的指导教师数量非常有限。当前，从事高校大学生社团指导工作的专业教师多为兼职教师，并且配比上难言达标，不容乐观，不少社团组织缺乏专业指导教师。因此，高校必须重视并加强对指导教师进行有组织的、有计划的、有针对性的培训。可在培训过程中根据社团发展实际，采用案例分析、模拟指导场景等方式，通过小组讨论、多方交流等形式，促使教师掌握系统化的指导知识和技能。

二、落实保障机制

第一，要落实物资资金保障机制。高校大学生社团是非营利性的学生组织，主要为在校大学生和社会部分相关部门或社会人士提供服务。但高校大学生绝大部分都是纯粹的消费者，如果仅依靠学生个人能力去支持社团组织的日常运行，将导致社团工作较难开展。因此，高校与社会的资金支持对社团工作的可持续运行及社团活动的顺利开展起着强有力的支撑作用。一方面，学生可依靠社团自身的品牌效应和特色优势以及自身能力争取社会各界的资金支持；另一方面，高校也可以通过设置专项资金对社团组织建设和发展给予支持。这样一来，高校大学生社团组织就可以依靠多方力量获取更多的资金支持，以维持其日常工作的运转，助力社团活动高质量开展。同时，要进一步加大对场地设施的保障和支持力度。作为物质文化最重要的组成部分，场地设施是高校大学生社团文化最直接的建设部分，高校理应提供更大力度的支持。

第二，要落实制度保障机制。一是要落实社团纳新制度。社团纳新应优先考虑“人岗适配”，为完成纳新任务，社团要提前制定纳新计划，明确部门需求、纳新人数、纳新方式以及纳新步骤等内容，并将其有效落实到纳新的各个环节中；二是要落实社团发展制度。高校大学生社团的建设发展具有持续性，不同时期有不同的任务目标。社团要在整个发展过程中，落实好、完成好每一个时期的发展任务，并在此发展基础进行不断地优化调整和改革创新，以持续提高社团发展质量，助力人才培养；三是要落实社团准入准出制度。从社团发展的长期表现看，在社团发展中后期，成员的流失率开始上升，但大部分社团组织并没有解决好这一问题，导致此现象一直存在。这就要求各社团组织应制定出具体的准入准出机制，以减少或杜绝此类现象的发生；四是要落实社团晋升与考核制度。大学生社团是将一群具有共同爱好与兴趣的学生聚集在一起的自发性学生组织，但并不是所有学生都是因此而来，有的学生是为了提高自身交往能力与实践能力而来，有的学生是为了教学计划所规定的学分而来，有的学生是为了争取更多的德育加分而来，等等。因此，大学生社团要在其发展过程中，了解、掌握社团成员的综合能力，并以此制定出一个基本的考核标准，以为后期社团骨干的培养与晋升提供保障和支撑。

三、完善激励机制

第一，要落实学生激励机制。激励机制在大学生社团服务、弘扬奉献精神方面有着重要作用。好的激励措施，既可以提高学生的服务积极性，也能提高学生的服务效果。相反，激励措施不给力或者没有激励措施，将大大降低大学生社团成员的积极性和社团建设效果。因此，高校应充分重视、肯定社团成员的服务价值，尤其应对那些有着突出贡献的社团成员给予一定的精神鼓励或物质奖励。例如，提高开展活动的资金支持，提高活动的得奖比例，提高活动的比赛奖金，提高工作人员获荣誉的比例等等，以此激励更多的大学生参与社团活动，进一步提升社团成员的工作积极性。

第二，要落实指导教师激励机制。对指导教师实施具体的激励机制，这样可避免指导教师流于形式、只挂名不做事的现象，提高教师的指导实效性。例如，在激励机制上，可在教师培训后颁发结业证书，并纳入个人档案，为后续职称或职务晋升丰富成果。此外，应计算教师的指导工作量，并匹配相应的酬劳，对业绩有突出贡献者予以表彰，以让更多的优秀指导教师乐于参与并自愿提升指导效果。

四、构建联动机制

第一，强化团委的组织领导职能。近年来，各高校团委在大学生社团管理和扶持服务方面进行了不少有益的探索和积累，并取得了一定的成效。但总体而言，学校团委对大学生社团组织实施的监管比较多，而相对缺乏对大学生社团组织的服务和指导。高校团委部门出于行政思维惯性和意识形态安全稳定的考虑，将大学生社团组织的建设发展限制得非常具体，导致很大一部分大学生社团组织从成立之初到其存续发展的全生命周期内基本上都是成立申请、注册批准、活动申请，总结报备等步骤和流程，这距离大学生社团真正实现“自我教育、自我管理、自我服务”的终极发展目标还有很大距离，需要高校在监管的基础上同时抓好对社团的服务和指导工作，在尊重大学生主体性要求的前提下，为其提供一个更加自由的自我发展、自我创造的平台。①

高校团委应切实承担起大学生社团管理的组织领导职能，建立健全大学生社团管理和建设的协调机制，加强与相关部门的沟通协调，形成整体合力，通过正确引导和主动服务等手段，帮助大学生社团解决发展过程中遇到的实际困难和问题，大力支持具有鲜明特色和优势底蕴的大学生社团组织，积极鼓励其做大做强。同时，紧紧围绕学术科技、体育文艺、社会公益志愿服务等多项主题，积极

① 应飚、申玮、李金林，高校学生社团的体制目标及其工作理念探索［J］．中国高教研究 2013（8）。

举办校园科技文化节、社团嘉年华等主体活动，为众多大学生社团提供活动的舞台。同时，要注重发挥先进社团组织的示范引领作用，积极组织开展大学生社团的评优展示工作。

第二，强化高校各部门联动功能。目前国内高校基本是沿用“高校团委—大学生社团联合会（社联）—大学生社团”三位一体的专管模式，但该模式在调动和发挥校、院（系）及相关职能部门的积极性方面还存在一定的障碍。这就要求团委要进一步加强与校、院各职能部门的沟通，积极争取多方支持；要动员各职能部门积极参与、统筹规划大学生社团组织的建设和管理工作，优化完善合作领域、合作内容、合作方式等，并探索固化为长效的联动工作机制。同时，要鼓励各学院（系）建立和支持符合自身专业特点的社团组织和活动。由于校、院（系）及相关职能部门在资源的协调和调配上更具优势①，因此调动院（系）及相关职能部门支持大学生社团的积极性，无疑是解决当前大学生社团扶持力度不足的有效途径之一。

校、院（系）及相关职能部门对大学生社团组织的联动管理实践，不但解决了大学生社团发展过程中的经费、场地、专业指导等问题，同时也大大增加了各部门在大学生社团发展上的配合与沟通，容易形成凝聚效应。这种凝聚效应也将在其他工作领域起到潜移默化的积极效果，值得加以鼓励并推广。

① 程荣辉、陈丽霞、张文慧．二级社团联合会之探索［J］．神州教育，2013(10).

第七章　大学生社团活动的设计与实施

大学生社团活动是高校校园文化建设的重要组成部分，在大学生成长道路上，特别是在专业素质培养、个性展示、特长发挥、就业创业能力培养、创新思维开发、思想政治教育以及大学生身心健康发展等方面具有重要作用。社团活动不仅是高校“第二课堂”的重要载体，也是大学文化的重要组成部分，不但可以促进大学生自主转化知识的能力，还能在一定程度上激发学生的创新能力和创新思维。参与社团活动，有助于新时代大学生充分彰显个性，进一步增强团队意识和集体荣誉感，有效提升人际交往能力和适应社会的能力，有利于形成积极向上的人生态度和勤奋刻苦的拼搏精神。

之所以很多大学生对社团活动具有浓厚的兴趣，其中一个重要原因就是大学生社团所开展的形式多样的活动，极大地丰富了大学生的课余文化生活，并能够充分彰显大学生的特长和精神面貌。因此，多数大学生在进入大学后，都会或多或少地选择参加几个社团组织，参加几项感兴趣的社团活动，以达到弥补课堂学习的不足、锻炼自身能力、展示个人风采、丰富自身经验的目的。而高校大学生社团组织，也会根据学生的不同需求，举办一系列彰显社团特色、迎合学生需求的丰富多彩的活动，来吸引广大学生加入或参与，以扩大社团的知名度和影响力。因此，无论是对高校、社团组织还是大学生个人，社团活动都具有十分积极的重要意义。

然而，由于缺乏规范化管理、缺乏针对性专业指导等现实性原因，高校大学生社团组织在活动开展过程中还存在一些这样或那样的问题。例如，尚未构建完整的社团制度体系，开展的部分活动缺乏经常性、规范性和专业性等。[①]这些问题或不足在一定程度上阻碍了大学生社团组织的健康发展，也影响了社团活动质量的提升。笔者认为，要想解决好这些问题，需要高校从各个环节入手，持续加强对大学生社团活动的组织和管理。其中，统筹做好大学生社团发展规划，并在此基础上谋划好大学生社团活动的顶层设计应该是十分重要的。

第一节　大学生社团发展规划与活动设计

社团发展规划是社团发展的风向标。一个社团组织是否能够稳定、持续发展，始终保持生机和活力，与其是否具有科学、规范、合理、切实可行的社团发展规划密切相关。大学生社团发展规划针对社团发展的各方面给予指引和规定，有助于社团组织明确定位、明晰目标，并逐步实现社团质量的稳步提升。

如果说社团发展规划是理论层面的建构问题，那么活动设计就是实践层面的操作问题。一个好的活动设计可以将社团的发展规划有效付诸实践，而一个好的社团发展规划也将为社团活动的设计和实施提供指引和方向。二者是相辅相成，缺一不可。因此，本章节将着重探讨大学生社团发展规划的指定方法，以及如何基于社团发展规划科学设计社团活动。

① 陈曦．论大学生社团活动管理研究［D］．中南民族大学硕士学位论文，2016.

一、社团发展规划的相关概念

（一）社团发展规划的定义

社团干部每年都在调整和更新，但社团组织始终存在并向前发展。如何能确保社团活动的效果和质量不因社团干部个人的能力和意愿而发生较大的波动，这需要社团发展规划的持续而明确的指引。所谓规划，就是在目前的位置和想要到达的位置之间架起一座合理、可行的桥梁。而社团发展规划，正是围绕着社团发展的目标，并基于社团发展现状，制定出具体的实施方案，从而实现社团的稳步提升和持续发展。制定好的社团规划，有助于社团上下统一思想、凝聚共识，朝着一致的目标共同努力。

社团发展规划可根据需要调整规划期限，一般可分为短期（一学期或一学年），中期（一年至三年）以及长期（三年以上）。考虑到高校社团组织一般为每年度换届，因此，目前大多数高校大学生社团组织制定的规划以三年内为主，尤以一年的居多。

（二）社团发展规划的内容

一份完整的社团发展规划，一般包含以下内容：

1. 指导思想

指导思想是高校大学生社团发展过程中的总基调。这一部分应包括社团的定位、性质、类型、作用、意义以及社团的宗旨和原则等内容。

2. 发展目标

发展目标是高校大学生社团发展的方向。确定好发展目标，对顺利实施活动规划具有重要的指导意义，有助于社团组织厘清思路、明确目标，并有依据地选择合适的活动开展。由于规划时间长短的不同，发展目标在内容上也会有所区别，但必须可以实现。

3. 社团现状

社团现状是高校大学生社团规划的出发点和立足点，对发展现状了解得越清楚，分析得越透彻，其规划也就会越具有针对性和可操作性。通常这一部分要包括社团性质、社团宗旨、具体分工以及社团活动情况等内容。

4. 内部建设

一般情况下，高校大学生社团组织需要在这一部分明确社团的部门设置和人员分配，明确社团干部职责、权利和义务等内容，以便于社团内实际工作的顺利开展。

5. 具体活动形式

在这一环节，围绕指导思想和发展目标，设计具体的活动形式。作为社团组织在规划期内可以坚持开展的活动，其活动形式应具有广泛性和针对性，应与社团组织的性质和定位保持一致。例如，教学课程、竞赛活动、内部交流、凝聚力建设等活动主题均可以考虑列入其中。如果是年度规划，可以根据学校制定的学年整体安排，结合迎新、入学教育、就业、建党和国节庆日以及相关时政等主题，以时间轴为基准而合理选取社团活动形式；如果是中长期规划，可以分年度确定工作重点，实现阶段性提升。

6. 发展前景及工作重点

在这一部分，高校大学生社团组织需要针对社团期望的未来发展道路做出合理性选择，并提出相应的工作思路和实施步骤以达成最终目标。这一部分可以从健全机制、强化合作、培养骨干、凝练特色、树立品牌、提升质量等多方面展开，并通过具体举措，明确重点发展方向和改革领域。

以上六部分内容中，具体活动形式和工作重点应作为社团规划中重点阐述的部分。

二、社团活动设计

大学生社团活动是高校校园文化生活中的重要组成部分，也是高校对本科生实施教育和管理的主要形式和有效载体。高校校园文化活动反映了大学生求真、求知、求新、求乐的充满激情和活力的群体特征，在引导大学生坚定理想信念、提升道德修养、加强技能培训、强化实践能力、践行服务理念、尝试科学探究、开展创新创业、丰富社会经验、促进身心发展等方面发挥着积极的促进作用。周频认为，当前社团活动的设计和组织方面存在主体不明、内容不实、形式不新、资源不足、指导不够、参与不广等问题。[①]因此，需要进一步探讨如何更好地设计和组织大学生社团活动。

（一）设计社团活动的意义

1. 社团活动设计有助于明确活动目的、提升活动效果

社团活动设计一个很重要的内容就是要确定活动主题和目的，并围绕该主题有组织、有步骤地开展相应的活动。一个好的活动设计是社团活动顺利实施和保证效果的关键所在，有助于社团上下目标一致地开展活动，活动实效性也会体现得更加明显。

2. 社团活动设计有助于推进活动的顺利开展

社团活动设计要对活动开展过程进行综合分析和全盘考虑，这其中包括活动实施过程中可能遇到的问题和风险，并针对这些问题和风险提出有针对性的解决、规避措施，以确保社团活动顺利实施。

3. 社团活动设计有助于塑造社团品牌、打造精品社团文化

很多高校大学生社团组织在多次开展经过充分设计的且具有一定质量和效果的社团活动后，会将体现社团文化特色和底蕴的理念逐渐积淀下来，形成社团的经典活动，并得到不断的改进和完善。因此，社团活动设计有助于社团组织总结经验和查找不足，并将这些经验和不足以文字形式体现和延续下来，为一届又一届的社团成员所借鉴和吸收，从而逐渐形成社团的精品活动。这样不仅可以保证社团活动质量不会因为社团干部的换届调整而大打折扣，而且还能有效塑造社团的品牌文化，提升社团的影响力，从而进一步促进高校校园文化建设。

（二）如何进行社团活动设计

1. 确定社团活动的主题

活动设计必须首先明确活动主题，并围绕该主题进行活动设计，从而实现活动主题的形式安排和目标追求。在主题选择方面，大学生社团组织应基于社团的发展规划方向，侧重选择社团成员感兴趣并迎合其需求的内容，以社团成员的兴趣和爱好为导向进行选择。否则，社团活动就会缺乏吸引力。需要注意的是，社团活动主题应该体现出社团独特的个性色彩，明确地知道所开展的活动能在什

---

① 周频．大学生社团活动设计与组织原则［J］．咸宁学院学报，2011（5）．

么地方、用什么样的方式可以体现出社团自身的独特魅力，或者该社团活动不同于其他活动的亮点在哪里等。社团活动的主题明确了就相当于给社团活动定了基调。

2. 明确社团活动的目的和意义

明确社团组织开展活动的重要意义和最终目的，有助于社团组织后续有针对性地、合理地选择活动形式和内容。一般来说，一个有质量、有效果的社团活动，应该充分考虑活动本身对社团成员或大学生的思想政治教育功能、兴趣满足和能力提升功能以及社团影响力扩大功能等因素。

3. 选择合适的社团活动形式

高校大学生社团活动形式多样，应根据具体的活动主题和目的进行合理选择。例如，学习型社团可以开展学术交流、专业知识讲座、科技创新大赛、实习实践基地参观等活动，兴趣爱好社团可以开展各类兴趣爱好者交流会、技能竞赛、特长展示等活动。

4. 周密安排活动流程

社团活动设计过程中应周密安排整个活动流程。要充分考虑活动过程中可能发生的突发状况，并做好预案。虽然突发状况具有很大的不可预见性和不确定性，但如果事先对所有能够考虑到的情况有所准备，就能在很大程度上降低或避免突发状况的出现，保证活动开展的顺利性。另外，还应该注意对活动资源的有效分配和合理利用，以确保相关部门之间实现良好协作，相关物资储备到位等。

第二节　大学生社团活动的组织、实施与总结

一、大学生社团活动管理

（一）社团活动管理的目标及意义

新时代背景下，大学生社团组织在高校实施素质教育过程中发挥的作用越来越明显。但在建设和发展过程中，大学生社团组织还存在诸多亟待解决的问题。大学生社团这座大厦并非一日之功建成，需要在建设过程中不断地发展和完善。加强管理是大学生社团建设的普遍要求，而在社团管理中，针对社团活动的管理是其重要一环。

活动是大学生社团组织存在和发展的基本要素。一个社团是否可以持续、稳定地发展并焕发出持久的生机活力，很大程度上取决于该社团是否持续开展健康有益、广受学生欢迎的活动。然而，据有关调查可知，46.7%的大学生认为学生社团只是个空架子，没有开展实质性的活动。[①]因此，新时代条件下，规范和加强高校大学生社团活动管理势在必行。

（二）如何开展社团活动管理

徐冠岳认为，要加强大学生社团活动管理，可以从加强成立活动管理、规范学生社团活动和评价学生社团活动过程三个方面展开。[②]

1. 完善社团申请制度和社团评级制度

高校的大学生社团组织成立必须严格遵守相关规章制度，并通过严格的审批程序。对于那些违反校规校纪的、违背大学精神的，或者是未经审批通过擅自成立发展的组织，必须予以严格清理；对于社团组织的发展总量和类型分布要严格

---

① 中共福建省教育工委，福建省教育厅．福建省大学生思想政治教育工作状况调研报告汇编［Z］.2005.

② 徐冠岳．高校学生社团管理机制探析［J］．长春理工大学学报（高教版）.2008（2）.

控制，避免多而杂影响学校的正常教学秩序。同时，对于符合申请条件的社团组织，要检查其是否具有完善的组织架构和完整的制度章程，并督促其在运营过程中要严格按照章程运行。

2. 加强社团活动的过程管理

首先，要认真检查社团组织是否定期开展活动，在开展过程中是否严格遵守有关制度和章程，是否有违规违纪事件发生；其次，要严格监管社团的经费管理与使用。社团组织必须严格遵守有关财经管理制度，各项收入开支要入账，坚决禁止乱收乱支甚至是随意处置会费等违规现象出现；最后，要坚决落实好安全保障措施，要建有应急预案，以便在活动开展过程中自如应对突发状况。

3. 加强对社团干部的培养和对参加者的正确引导

一个社团组织的正常运转，离不开社团骨干成员的精心组织和管理。抓好对社团骨干成员的培养，使学生在社团组织运转过程中自如应对，对社团活动的组织将有很大帮助。因此，高校可以在社团干部换届调整后对其进行系统培训，同时在社团运转过程中加强对指导教师的引领。而对于部分学生一时兴起参加活动的心理，必须给予及时纠正，强调参加社团活动要凭兴趣，是为了长知识、强能力，而绝不仅仅是为了好玩。另外，对社团骨干分子还必须加强思想道德修养培训，避免让社团组织成为其拉帮结派、肆意妄为的土壤。

二、大学生社团活动的组织

（一）指导原则

在大学生社团活动开展过程中，高校相关部门和教师对活动进行指导是十分重要且必要的，这就涉及一个指导原则的问题。科学、正确的指导原则，能使社团活动开展得有声有色，成效俱佳；相反，如果指导原则不正确或者出现偏差，那么带来的直接后果就是活动组织混乱、活动形式呆板、活动吸引力不强、活动效果不佳。具体来说，高校大学生社团活动的组织有如下四个指导原则：

1. 内容贴近专业实际

大学生社团开展活动，其内容并不是盲目确定的，也并非机械照搬的，而是要根据学校的文化积淀、基础设施、人文环境、专业设置和培养目标等方面内容的实际发展情况综合考虑的。就人才培养的目标来看，大学生社团开展活动的目的应该包括两个方面：一是激发兴趣、陶冶情操、磨炼意志、砥砺品格；二是精通专业、增强本领、强化技能、开阔视野。因此，社团活动的组织者应该从学校发展、专业设置、学生成长等方面入手，开展相应的社团活动。例如，同样是开展公益志愿类活动，电子类专业的学生可以开展家电义务维修方面的志愿服务活动，生物类专业的学生可以开展保护动植物和爱护生态环境方面的志愿服务活动，艺术类专业的学生可以到敬老院、福利院、社区等地开展文艺公益会演，师范类专业的学生可以开展义务家教活动，等等。这些活动具有鲜明的目的性和切实的内容，并且紧贴专业实际。

2. 追求质量而非数量。

高校大学生社团开展活动是必不可少的，但并非越多越好。这里有一个适量性原则。鉴于大学生课余时间较为充裕，开展社团活动频次以每月平均1—2次为宜，这样能保证参与学生有充足的时间去筹备和组织，保证活动质量。反之，如果不加节制，既多又滥，则违背了适量性原则，最终只会事巨功微，甚至是劳而无功。

3. 准确把握时机

在适当的时机，开展适应的社团活动，才能真正将高校大学生社团组织的“第二课堂”优势最大限度地发挥出来，这即为时机性原则。例如，每年的5月份和6月份，可将社团活动主题确定为感恩，主要是借助母亲节和父亲节等特殊节日，开展有关感恩教育方面的社团活动；每年的9月份，可将社团活动主题确定为迎新，其间可以针对新生开展适应大学生活的指导性社团活动，以帮助刚踏入大学的新生更好、更快地适应大学生活，更有针对性地对大学生活进行规划和设计。另外，大学生社团组织还可以根据学生思想、认知、兴趣爱好、专业特长的不同，组织开展契合相关内容的主题活动，也会取得较好的效果。

4. 坚持以成效为导向

在大学生社团组织开展社团活动的过程中，可以将参与者是否从中真正受益，社团的知名度和影响力是否得到提升，活动本身是否产生了积极良好的社会效应等内容作为判定活动是否成功的标准。坚持以活动成效作为大学生社团活动开展的导向，就是激励大学生社团组织从一开始就要重视社团活动，要顶层设计、精心谋划、认真指导、及时监督、深刻总结，而非敷衍了事、流于形式，从而在根本上保证活动顺利开展，活动实效显著。

（二）社团活动的类别

1. 基础教育活动

基础教育活动内容包括思想政治教育、社团干部提升、团队合作等，如社团干部培训、思想动员会等均属于此类活动。开展此类活动主要是为了增强社团组织团队的凝聚力、战斗力和竞争力，为社团开展各类活动奠定良好基础。

2. 常规活动

常规活动主要是推进社团组织的日常工作，实现诸如规划社团发展方向、探讨分析活动运行成果、拟定改进方案等目的，包括社团纳新大会、会员见面会、社团例会、社团内部交流会、社团组织换届、社团活动组织策划等都属于这一类活动。常规活动是高校大学生社团日常活动的重要组成部分。

3. 特色活动

特色活动要视社团性质而定，主要是围绕社团发展方向展开。一般来说，兴趣爱好类社团和学习型社团主要围绕着如何培养、激发学生兴趣爱好或提高学生学习能力等内容展开，常规活动包括爱好者交流、技能竞赛、学习培训等；文艺体育类社团可以联合校内外组织开展各类大型文艺演出或体育健身运动会；志愿服务类社团则主要以开展志愿公益类服务活动为主。

4. 激励活动

激励活动主要是为了鼓舞团队士气、肯定团队付出、增强团队荣誉感。此类活动主要包括社团成果展、总结表彰大会等。

5. 展示活动

展示活动主要是为了打造社团品牌、提升社团影响力。此类活动包括总结表彰大会、特色活动展示、社团文化艺术节、百团纳新展示等。

6. 联谊活动

联谊活动主要是为了增进伙伴友谊，营造和谐稳定、积极向上的团队氛围。此类活动主要包括联谊会、茶话会、交流会、素质拓展等。

三、社团活动的实施步骤

（一）活动策划

活动策划的第一个步骤是活动的创意和活动目标的设定，即为什么要开展这项活动。同时，在这一阶段还可以包括活动的可行性研究，如建议中的活动举办地点、举办时间，以及可能的赞助商、活动预算、风险预估、后勤保障等。在初始阶段结束时，将对是否开展该活动做出决定。

当决定开展活动后，应围绕活动目的做好组织安排和任务分工，并形成详细完整的活动策划方案。活动策划方案应明确的内容有：活动的目的及意义、活动的形式和规模、确定参与条件、确定活动内容、确定时间地点安排、确定活动流程、确定活动核心骨干成员以及突出情况应急处理预案等。

活动策划书格式如下。[①]

活动策划书

一、活动主题

二、活动背景

基本情况简介、对象、近期状况、组织单位、活动开展原因、社会影响，以及相关目的动机，说明问题的环境特征并做SWOT分析。

三、活动目的、意义和目标

简洁明了，在陈述目的要点时，该活动的核心构成或策划的独到之处以及由此产生的意义（经济效益、社会利益、媒体效应等）都应该明确写出。活动目标要具体化，并需要满足重要性、可行性、时效性。

四、资源需要

列出所需人力资源、物力资源，包括使用的地方，如教室或使用活动中心都详细列出。可以列为已有资源和需要资源两部分。

---

① 活动策划书，http://3y.uu456.com/bp-9c3ss270722192ef730-1.html.

五、活动开展

简洁明了，表述要力求详尽，写出每一点能设想到的东西，没有遗漏。对策划的各工作项目，应按照时间的先后顺序排列，人员的组织配置、活动对象、相应权责及时间地点也应在这部分加以说明，执行的应变程序也应该在这部分加以考虑。

这里可以提供一些参考方面：会场布置、接待室、嘉宾座次、赞助方式、合同协议、媒体支持、校园宣传、广告制作、主持、领导讲话、礼仪、会场服务、电子背景、灯光、音响、摄像、信息联络、技术支持、秩序维持、衣着、指挥中心、现场气氛调节、活动后清理人员、合影、后续联络等。可以根据实情自行调节。

六、经费预算

活动的各项费用在根据实际情况进行具体、周密的计算后，用清晰明了的形式列出。

七、活动中应注意的问题及细节

内外环境的变化，不可避免地会给方案的执行带来一些不确定因素。因此，当环境变化时是否有应变措施，损失的概率是多少，造成的损失多大，应急措施等也应在策划中加以说明。

八、活动负责人及主要参与者

注明组织者、参与者姓名，嘉宾，单位（如果是小组策划，应注明小组名称及负责人）。

（二）活动筹备

活动策划书拟定后，应根据活动策划方案进行资源的调度和内容的准备，也就是开始活动筹备。在活动筹备过程中，应遵循统筹负责、分工明确、指导到位、监控有力、检查全面、合理流程编排与调整、加强沟通与合作、信息反馈及时的原则。特别需要注意的是，应该将活动实施中可能出现的突发状况及可能需要解决的问题也列入考虑范围之内，力争做到应对有策、收放自如。

（三）活动组织

在活动组织的过程中，要重点关注以下三个方面：一是各项活动分工要严格按照拟定分工安排实施，责任到人；二是建立突发事件应急预案，确保活动在各种情况下均能顺利开展；三是加强对各环节的控制，保证活动按计划进行。

四、社团活动的总结

活动完成后，应及时开展活动总结和评价。评价内容应包括活动的参与度、活动满意度、活动的宗旨和活动目标完成情况、活动的秩序性、活动的影响力、活动的开支合理度等。

第三节　大学生社团活动的评价与奖励

一、大学生社团活动评价

由前文可知，高校大学生社团组织类型繁多，社团活动更是丰富多彩、五花八门。但无论是何种类型社团组织、开展何种社团活动，其组织实施的原则和步骤都是万变不离其宗，其结果也不外乎就是成功或者失败。因此，大学生社团组织自身除了在活动开展过程中进行有效的跟进和监管之外，对社团活动本身进行及时评价和总结也是非常有必要的，这样既可以帮助社团成员更好地总结经验，反思不足，还有利于社团成员更好地管理社团，进一步提升社团活动的质量。

（一）评价的概念

评价从本质来说是一种认知活动。在我国的词典中，“评价”泛指衡量、判断人物或事物的价值。美国学者格兰朗德认为，评价可以简单表述为：评价=测量（量的记述）或非测量（质的记述）+价值判断。简而言之，评价具有评价、测量和测验三个基本属性，而作为评价范畴之内的高校大学生社团活动的评价也是如此。

（二）社团活动评价的概念及意义

高校大学生社团活动的评价是指从特定的目的出发，根据一定的标准，并通过特定的程序对已完成的或正在完成的活动进行检测，从中找出能真实反映社团活动进程的质量或成果的资料或数据，从而对社团活动的质量或者成果做出明确、合理的判断。评价通常包含根据标准对活动开展的意义、价值、开展情况和反映的效果的判断。为了评价社团活动的结果，传统的评价往往是正规的、带有判断性的。

对大学生社团活动进行评价，主要有三方面的目的：一是诊断在活动过程中有没有出现错误和不合理的地方；二是激励社团成员积极参与社团活动，并适时给予他们方向指引；三是对活动过程进行监控，从根本上保证活动的公平性，并对活动结果进行比较。

通过对社团活动进行评价，可以分析出社团组织的特色、特长以及优缺点，通过明确这些内容，让社团负责人和社团成员能够更加明晰社团的定位，扬长避短，厚植优势，改进不足，从而不断提升社团组织的运营效果和社团活动质量。

二、社团活动评价的开展

（一）评价主体与客体

一个评价活动的构成，必须要有评价者和被评价者。在评价中，通常将评价者称为评价主体，将被评价者称为评价客体。

评价主体是指具备一定的评价资格和知识技能，并能够实际参加评价活动，主导评价活动的人与团体。评价主体是评价活动的实施者，负责完成整个评价过程中的具体项目具体工作。在进行，为保证社团活动评价过程中的全面性，在考核主体确认时，应采取“多元化”方式，即学校评价、教师评价、学生评价和社会评价等。

评价客体是指被评价的对象。对社团活动评价来说，其社团活动本身就是评价客体。不同的评价目的，存在着不同的评价需求，因此所评价的对象也会有差异。

（二）评价原则

对高校大学生社团活动实施评价工作，应依据国家法律法规和学校校规校纪，并遵循基本的工作流程和工作规范，在排除各方面尤其是被评价社团组织意愿的影响基础上，客观、独立、公正地开展评价。但对社团活动评价工作和评价结论中存在的疏忽、遗漏、异议或不合理的问题，社团组织要及时、认真地给予解答、补充或更正。

（三）评价维度

评价维度也可称之为评价要素、评价项目或测评指标等等，是整个评价工作的核心要素。离开了评价维度，评价工作就会失去方向和目标。而大学生社团活动评价就是按照特定的目标对社团活动开展的质量和效果进行综合考量。在社团活动评价过程中，评价的实施完全以评价维度为核心，将各种评价维度结合具体社团活动的特点和期待的目标进行具体化、形象化，这样就构成了评价的内容。因此，在社团活动评价中，确定评价维度是至关重要的。

在整个社团活动评价中，对社团活动的过程性评价是重要一环。要注重分析学生在活动过程中的不同体验，及时记录下社团成员的每一个创意，以及活动过程中产生的新的认知。以上这些都要求教师和学生自身要进行及时评估，以使活动在积极的导向和激励的状态下有序开展。

评价活动可以是学生对自我的评价，也可以是指导者对被指导者的评价；可以是指导老师对活动的评价，也可以是参加社团活动的人员对该活动的评价；可以是举办者对进行活动的人的评价，也可以是学校社团联合会对社团活动的评价等。综合多维度的评价进行总结，得出最终的评价。这样的评价才是对社团活动最全面、最有价值的评价。

1. 评价主体的多元方法

对作为评价主体的学生而言，学生在活动中发展的评价不仅由指导教师完成，还应积极鼓励学生自评、小组互评、社团成员间互评，并有条件发展学生家长和社会有关人员进行评价。具体评价的方法有自我阐述、交流讨论观察记录、汇报表演、成果展示、知识竞赛、问卷调查、评先选优等。另外，高校还可以通过社团整体成果展示评选、优秀社团评选、最佳活动方案评选、优秀指导教师评选、优秀社团会员评选等方式，有效实现社团活动主体的多维度评价。

2. 评价标准的多元方法

社团活动不仅有不同的活动方案，活动的形式也是五花八门。因此，对社团活动实施评价时，不仅要以“科学参照”为标准，还应倡导学生“自我参照”评价和“自我反思性”评价，充分肯定学生在活动过程中的表现和收获，实事求是地指出学生在活动过程中存在的问题和不足，要坚决反对严格的“一刀切”的“量化分等”的评估标准。

3. 评价手段的多元方法

在评价社团活动过程中，不仅需要观察和记录社团活动开展的效果，还需要对活动过程持续进行监控评价。在具体评价时，可采用口头激励、问卷调查、成果展示、汇报演出等形式进行多维度评价。

当然，由于评价对象的不同，决定着评价的手段也要随之改变。例如，直接服务的主要评价方法有摄像电子记录、多媒体平台（即时通信、网站、视频、语音）；间接服务的主要评价方法有活动过程中的满意度调查、学生抽样调查、师生个别访谈、小组座谈等。这些手段可以有效帮助我们了解是否实现了社团活动的预期目标，以此实现多维度评价的价值。

（四）评价方式

1. 活动目标和计划方面

（1）有活动目标，且活动目标明确具体；

（2）有实现目标的行动计划，如活动策划书、活动实施方案等；

（3）计划科学、合理、切实可行。

2. 活动准备方面

（1）材料准备充分；

（2）场地人员安排到位；

（3）活动所需物资齐全、到位；

（4）对可能出现的突出情况有预案且准备充分。

3. 活动进程方面

（1）活动吸引力强，学生参与率高；

（2）活动现场秩序良好，把控得当；

（3）活动组织人员工作认真、积极、负责；

（4）活动保障措施到位，无重大安全事故发生。

4. 活动成效方面

（1）活动开展顺利，并受到社团成员的广泛认可；

（2）学生主动参与性高，能得到充分的锻炼；

（3）活动有宣传、有效果、有成果；

（4）活动后有总结、有报道；

（5）活动整体反响良好。

5. 活动记录、记载和资料的保存

（1）记录、记载及时、规范；

（2）活动总结及时提交；

（3）各种活动资料归档及时；

（4）有针对性开展优秀社团成员评比。

三、如何发挥评价结果的反馈、指导作用

通过学校教师、社团联合会对社团活动的评价，以及社团干部的自我评价和参与社团活动的人员对该社团活动的评价，可以有效构建一个科学的、综合的、系统的高校大学生社团活动评价体系。该评价体系的建立，不仅可以提升社团活动的质量，还能使社团组织从多角度了解活动开展的效果，从而为社团活动的持续、有效改进提供参考依据。

例如，某社团组织打算举办工科类技能大赛，在举办前也按要求提交了活动策划方案，并积极筹备相关的培训工作。但由于该社团在前期准备过程中投入的宣传力度过小，导致很多学生都不知道要举办这样的活动，也就无法参加培训以及活动。通过指导教师和社团联合会对该社团的活动组织进行及时的评价和指导，延期比赛，保证有更多的时间进行宣传，顺利地解决了问题。同时，社团也会通过干部例会或社团大会及时反思不足、总结教训，确保类似的问题不再发生。

再如，部分社团组织不是很重视活动后期的总结和反思。这种情况下，指导教师以及社团联合会可以采用对比的方式，将其他及时做好后期总结和反思的社

团与该类社团进行对比，发现前一类社团比后一类社团更容易得到学生的认可和欢迎。通过这种对比方式，可以让没有及时进行总结和反思的社团及时认识到问题所在，从而自觉养成及时总结、及时反思、及时报道的习惯，这为社团组织的进一步发展起到了良好的推动作用。

第八章　社团活动典型案例

沈阳师范大学生命科学学院现有绿色环保志愿者协会、春芽行动公益协会、野生动物保护协会、讲辩协会和Never.G.O摄影协会等五个校级社团或协会。其中，绿色环保志愿者协会、春芽行动公益协会和野生动物保护协会属于志愿公益类社团组织，讲辩协会属于学术科技类社团组织，Never.G.O摄影协会为文化体育类社团组织；绿色环保志愿者协会为学校五星级社团，春芽行动公益协会、野生动物保护协会为学校四星级社团，讲辩协会和Never.G.O摄影协会为学校三星级社团。这些社团立足公益，服务学生，积极组织开展了诸如地球一小时、关爱自闭症儿童、猛禽救助等一系列内含专业性富有特色的社团活动，为大学生的兴趣满足、实践锻炼、能力提升、素质养成、视野开阔提供了良好的孵化土壤。

第一节　绿色环保志愿者协会

一、社团简介

沈阳师范大学绿色环保志愿者协会是以我校生态学科为支撑，于2007年成立的大学生社团组织，是目前我校唯一一个市级大学生社团，目前拥有大学生会员1719人。该社团宗旨是发挥学科优势、宣传环保知识、倡导资源节约、助力环境友好型社会建设。绿色环保志愿者协会自成立以来，开展了诸如“地球一小时”“世界节水日”“节能减排、绿色出行”等一系列特色活动，科普宣传场所包括大中小学校、城市、乡村等地，参与活动的学生志愿者达两千余人次，得到师生的广泛好评。

第一，依托生态学科，科技普及求真知。“农村垃圾”“节能减排”“生态环保”始终是绿色环保志愿者协会关注的热点生态问题。在生态学学科教师的带领下，从沈阳市蒲河生态廊道环境调查到鞍山千山景区草本植物破坏情况分析；从河流到山川，从城市到农村，绿色环保志愿者协会将调查研究的脚步深入到省内各地。2013年，绿色环保志愿者协会走访了辽宁省11个城市中的23个村，对农村垃圾处理现状展开调研，撰写了详尽的分析报告，得到了上级有关部门的批示；2014年，绿色环保志愿者协会组织的大学生实践服务团队赴辽宁省盘锦红海滩湿地进行环境保护与调研，被评为全国大中专学生志愿者“三下乡”社会实践活动重点团队；2015年，绿色环保志愿者协会团队深入辽南地区调研水污染情况，历时半年，所述报告经民心网转载后引起当地环保局高度重视。

第二，倡导学以致用，志愿服务走基层。绿色环保志愿者协会依托学院生态学科优势，在指导教师的带领下，不断推陈出新，走入基层，开展志愿服务活动。自成立以来，绿色环保志愿者协会举办了数十场“进校园、走社区”普及生态环保知识活动。其中“地球一小时”“绿色小超人、环保我先行”等特色活动，几年来吸引了490名志愿者参与，使环保事业薪火相传。多年来，绿色环保志愿者协会与沈阳市中小学合作，深入课堂培养学生环保意识，取得良好成果。“那木斯莱自然保护区环境保护研究基地”“服务社区，健康饮水，饮水知识宣讲活动”等志愿服务活动，均获得不俗反响，相关活动被辽宁电视台等新闻媒体报道，并荣获“沈阳市优秀成果奖”。

经过多年的努力发展，绿色环保志愿者协会先后荣获“辽宁省青年文明号”“辽宁省志愿者先进集体”“辽宁省社会实践活动先进集体”“沈阳市市级社团”“沈阳市十佳社团”“沈阳市优秀团队”“沈阳市百强社团”和沈阳市盛京环保奖“最佳环保社团”等一系列荣誉称号；协会负责人连续五年获得格平绿色助学行动——辽宁环境科研教育“123工程”资助，资助金额达12万元。

二、部门及职责

（一）行政工作部

1. 负责社团活动表格制作、文件整理等工作；

2. 负责社团相关会议的记录及材料存档等工作。

（二）活动策划部

1. 负责活动方案的构思与拟定；

2. 负责活动开展的预先安排及活动预算等。

（三）媒体宣传部

1. 负责活动前期的宣传工作（宣传展板制作、网络平台推送）；

2. 负责协会网络平台的维护及设计、制作等。

（四）新闻采编部

1. 负责活动期间影像音频的录制、编辑工作；

2. 负责活动总结的撰写工作。

（五）对外联络部

1. 负责社团经费的筹备工作；

2. 负责与外界联络、合作等事宜。

三、社团活动案例

【案例1】“地球一小时——蓝色WE来”活动

一、活动背景

地球一小时（Earth Hour）是世界自然基金会（WWF）应对全球气候变化所提出的一项全球性节能活动，提倡于每年三月的最后一个星期六当地时间20:30，家庭及商界用户关上不必要的电灯及耗电产品一小时，以此来表明他们对应对气候变化行动的支持。过量二氧化碳排放导致的气候变化目前已经极大地威胁到地球上人类的生存。公众只有通过改变全球民众对于二氧化碳排放的态度，才能减轻这一威胁对世界造成的影响。

二、活动目的

希望通过此次行动，让沈阳师范大学的学生认识到积极应对全球气候变化，支持环保是地球公民的正确选择。最后希望大家能够建立一种环保意识：环保不是一个人或是一群人的任务，而是全人类的共同职责。环保并不是神圣而不可及的事，而是落实在生活的点点滴滴中。我们也相信，这次活动，不论是对于社团，还是对于参加的同学们，都将会是一个美好的经历。

三、活动时间

2018年3月23—24日

四、活动地点

沈阳师范大学

五、活动对象

沈阳师范大学全体学生

六、指导教师

学院团委书记、专业教师。

七、学生干部

社团主要负责人

八、活动内容

（一）活动前期

1. 宣传组做好活动的宣传工作——将活动时间、内容详情发到网络平台（生命科学学院微信平台、绿色志愿者协会微信平台、绿色环保志愿者协会微博、绿色环保志愿者QQ群）；

2. 宣传组绘制活动宣传板，制作条幅，准备活动用品。

（二）活动中期

1. 协会提供白色帆布袋和彩绘染料，参与活动的同学以“地球一小时”为主题，可从“衣、食、住、行”等方面设计自己的环保袋，并现场绘出属于自己的环保袋；

2. 环保袋绘制成功后，每位同学和自己的作品合影留念，并做出关于地球一小时的“环保承诺”，最终将环保袋赠予本人。

（三）活动后期

1. 活动结束后，安排人员清点活动当天物资，并组织人员收拾场地、清理卫生；

2. 撰写活动新闻稿并进行活动过程的推送。

（四）注意事项

1. 活动过程中，所有参与人员在进行活动时要注意人身安全；

2. 活动后，全体工作人员要打扫、清理活动场地。

九、活动要求

活动真实、有效，充分调动学生参与活动的积极性。

十、活动主办方

沈阳师范大学绿色环保志愿者协会

十一、活动承办方

沈阳师范大学绿色环保志愿者协会

十二、活动预算

活动用品	数量	单价	共计
帆布袋	200 个	2 元	400 元
染料	4 盒	17 元	68 元
彩笔、调色盘等	4 套	10 元	40 元
合计	—	—	508 元

十三、工作人员安排

活动策划部：负责活动整体构思设计，策划书的撰写。

新闻采编部：负责活动期间照片视频的拍摄。

对外联络部：负责活动物资的筹备工作。

媒体宣传部：负责整理资料，将新闻稿在微信平台和官方微博发布。

行政工作部：负责活动总结的撰写工作。

【案例2】节能降耗 保卫蓝天

一、活动背景

国家发展改革委、生态环境部等部门近日发布通知，决定今年6月11日至17日为“全国节能宣传周”，6月13日为“全国低碳日”。今年全国节能宣传周活动的主题是“节能降耗 保卫蓝天”，全国低碳日活动的主题是“提升气候变化意识，强化低碳行动力度”。

节能宣传周期间，国家发展改革委将会同有关单位围绕宣传主题，组织开展相关宣传活动，提升全社会节能意识和节能能力，不断推动生态文明和美丽中国建设。

全国低碳日期间，生态环境部将会同有关单位开展“美丽中国，我是行动者”主题实践活动和全国低碳日主题宣传活动，倡导公众选择简约适度、绿色低碳的生活方式，普及应对气候变化知识，宣传低碳发展理念。

二、活动目的

为了响应国家号召，绿色环保志愿者协会决定举办以本次全国节能宣传周主题同名的“节能降耗 保卫蓝天”活动。

本次活动的目的在于宣传本次环保宣传周的主要思想，让同学们了解本次环保宣传周的宗旨，呼吁同学们在日常生活的点滴之中能够做到低碳、节能、降耗，携手并肩共同保卫我们的环境，保卫我们的蓝天。

三、活动时间

2018年6月15日

四、活动地点

沈阳师范大学

五、活动对象

沈阳师范大学全体学生

六、指导教师

学院团委书记、专业教师。

七、学生干部

社团主要负责人

八、活动内容

（一）活动前期

1. 宣传组做好活动的宣传工作——将活动时间、内容详情发到网络平台（生命科学学院微信平台、绿色志愿者协会微信平台、绿色环保志愿者协会微博、绿色环保志愿者QQ群）；

2. 宣传组绘制活动宣传板，制作条幅，准备活动用品。

（二）活动中期

绿色环保志愿者协会每名成员担任本次活动的志愿者，号召每位参加活动的同学扫描绿色环保志愿者协会公众号的二维码，关注公众号，并邀请参加活动的同学在活动条幅上签名，对于每位参加活动的同学，志愿者将发放一份随机的小礼品。

九、注意事项

1. 活动期间，每个时间段安排成员负责拍照、录制短视频记录活动过程；

2. 在场的工作人员在活动过程中适当调节气氛，调动同学们的积极性并做好现场秩序维护；

3. 活动过程中，所有参与人员在进行活动时要注意人身安全；

4. 活动后，全体工作人员要打扫、清理活动场地。

十、活动要求

活动真实、有效，积极调动大家参加活动的热情。

十一、活动主办方

沈阳师范大学绿色环保志愿者协会

十二、活动承办方

沈阳师范大学绿色环保志愿者协会

十三、活动预算

活动用品	数量	单价	共计
记号笔	3个	5元	15元
二维码打印纸	2张	1元	2元
条幅	1条	30元	30元
宣传板	1个	60元	60元
合计	—	—	107元

十四、工作人员安排

活动策划部：负责活动的整体构思、设计以及策划书的撰写。

新媒体运营部：负责活动期间照片和视频的拍摄，网络资料的整理，并将新闻稿发布于微信平台和官方微博上。

对外联络部：负责活动物资的筹备工作。

【案例3】沈阳蒲河廊道环保行

一、活动背景

沈北新区蒲河生态廊道是沈阳北部供市民休闲观光的好去处，自竣工以来，数以万计的沈阳人到这里享受过怡人的风景。不和谐的是，游客们到来之后，也给廊道留下了难以磨灭的印记。卧倒的青蛙、折翼的天鹅……本该栩栩如生的景观带雕塑，都成了“残疾”。满地都是游人观光后留下的垃圾，原本和谐的美景变得残破不堪。

二、活动时间

2018年5月26日

三、活动地点

沈阳市蒲河生态廊道

四、活动目的

为了强化文明意识，创建绿色和谐环境，共建生态文明，沈阳师范大学绿色环保志愿者协会将于近日组织开展进入沈阳蒲河廊道清理垃圾的志愿活动。希望通过此次活动可以帮助同学们树立更强的环保意识，同时也让广大市民了解环保的重要性，并积极倡导人们要从自身做起，爱护环境。

五、活动参与人员

活动指导老师：学院团委书记、专业教师；

活动负责学生干部：社团主要负责人；

活动参与对象：学校全体同学、全体市民。

六、活动具体实施计划

（一）活动前期

1. 制作相应的海报和宣传板，设计制作小木板及艺术字，点明此次活动的意义及特点；

2. 每人自带1—2个垃圾袋；

3. 准备一次性手套、木板；

4. 宣传组做好活动的宣传工作——将活动时间、内容详情发到网络平台（生命科学学院微信平台，绿色志愿者协会微信平台，绿色环保志愿者协会微博，绿色环保志愿者QQ群及微信群）。

（二）活动期间

1. 13：40，所有志愿者到达校门口集合，活动负责人组织志愿者，强调活动注意事项；

2. 14：00，所有人员出发，由绿色环保志愿者协会统一组织乘车；

3. 到达目的地后，将志愿者分为2组。需要对废纸、果皮、易拉罐等垃圾进行捡取、分类，把不可回收的垃圾扔入垃圾箱，可回收的进行分类；

4. 15：30参加活动的志愿者集合，合影留念后返校。

（三）活动后期

1. 活动结束后，安排好人员清点活动当天物资；

2. 护送全体志愿者安全到校，确保他们的人身安全；

3. 撰写活动新闻稿并进行活动过程的推送。

七、预期效果

通过“沈阳蒲河廊道环保行”活动的开展，进一步增强大学生对河道维护的正确意识，并有效呼吁大学生们树立正确的环保意识，相互监督，共同营造清洁的河流环境。

八、可行性分析

1. 河流污染问题无时无刻不在我们生活中出现，很多市民总是不自觉地将垃圾随手扔在河水中，对河流环境造成危害，开展“沈阳蒲河廊道环保行”活动十分必要；

2. 开展高校环保系列活动，倡导广大学生积极践行绿色环保理念，打造无污染的河流环境；

3. 活动所需物资可简单获取，具有一定可行性。

九、注意事项

1. 本次活动参加人员在活动中须听从指挥和安排，不可戏耍打闹，不可无故中途离开，确实有事中途离开者需要向组织者说明情况后才可离场；

2. 志愿者要注意安全，量力而为；

3. 志愿者不要将垃圾袋随意放置在岸边，要送到指定的区域内，进行垃圾分类，装入编织袋，然后统一运走；

4. 活动过程中，志愿者要注意自身言行，禁止破坏环境。

十、活动预算

项目	金额
手套	50 元
车费	20 元
总计	70 元

十一、活动主办方

沈阳师范大学绿色环保志愿者协会

十二、活动承办方

沈阳师范大学绿色环保志愿者协会

十三、工作人员安排

活动策划部：负责活动整体构思、设计以及策划书的撰写；

新闻采编部：负责活动期间照片和视频的拍摄，以及活动后新闻稿撰写；

对外联络部：负责活动物资的筹备工作；

媒体宣传部：负责活动期间网络资料的整理，并将新闻稿发布于微信平台和官方微博上；

行政工作部：负责活动总结的撰写工作；

监督工作部：负责活动开展过程中的检查以及意外事件的处理。

【案例4】让垃圾回家

一、活动背景

我们每天的生活都会产生很多垃圾，它们通常是先被送到堆放场，然后再经过处理后送去填埋。垃圾填埋的费用是高昂的，处理一吨垃圾的费用约为200元至300元人民币。垃圾分类就是在源头将垃圾分类投放，并通过分类的清运和回收使之重新变成资源。因此，开展“让垃圾回家”活动有重要意义。

二、活动时间

2018年12月11日下午5点30

三、活动地点

沈阳师范大学博文楼

四、活动目的

通过开展“让垃圾回家”活动，使同学们对垃圾分类有一个较为全面的了解和认识。让大学生学到更多的日常环保知识，并有意识的建设更加绿色的生活环境。

五、活动参与人员

活动指导老师：学院团委书记、专业教师；

活动负责学生干部：社团主要负责人；

活动对象及参与者：绿色环保志愿者协会全体会员。

六、活动具体实施计划

（一）活动前期

1. 新媒体运营部做好活动的宣传工作——将活动时间、内容详情发到网络平台（生命科学学院微信平台、绿色志愿者协会微信平台、绿色环保志愿者协会微博、绿色环保志愿者微信群）；

2. 活动策划部准备宣传条幅、游戏道具、奖品等活动用品。

（二）活动中期

1. 通过图片或者文本材料向大家介绍垃圾分类的重要性，并现场通过举例子、展示分类垃圾桶等方式介绍如何将日常生活垃圾进行分类处理、按类别投放；

2. 举行垃圾分类小型知识竞赛，一问一答或者抢答；

3. 设置垃圾分类小游戏

（1）每组两人参加，游戏要求每两位参与者协同将写有垃圾种类标识的气球运送至对面相对应的垃圾桶内，在规定时间内，运送气球最多且分类正确的获胜；

（2）每组两人参加，各组同时参赛。游戏规则：首先在地上立4个指示牌，分别是可回收垃圾、厨余垃圾、有害垃圾和其他垃圾。工作人员报出垃圾的名称，大家在第一时间确认垃圾的归类，并站到相应的指示牌后面，站错的人淘汰，直到场上只剩下三人，三人所代表的团队获胜；

（3）大家在便利贴上写下对垃圾分类意见和建议，贴在展板上或海报上（根据社区的情况准备，如果没有展板就要准备海报）海报可以设计图案，中间最好空白；

（4）在各个宿舍楼张贴关于垃圾分类的海报，提高大家垃圾分类的意识。

（三）活动后期

1. 活动结束后，安排好人员清点活动当天物资，并组织好人员收拾场地，打扫好卫生；

2. 及时公布获奖结果，并给获奖者颁发奖品；

3. 撰写活动新闻稿并进行活动推送；

4. 最终汇总评选出得分前三名，前三名可获得奖励证书。

奖项设置：一等奖1组，二等奖3组，三等奖5组。

七、预期效果

通过“让垃圾回家”活动的开展，进一步提高大学生垃圾分类文明意识，持续营造良好的校园绿色环保氛围。

八、可行性分析

1. 开展高校垃圾分类知识宣传活动，使大学生对垃圾分类的必要性和重要性以及操作方法有一个较为全面的了解和认识；

2. 将环保与游戏相结合，寓教于乐，同学们对环保行为的观念变为主动；

3. 活动所需物资可简单获得，具有一定可行性。

九、注意事项

1. 活动期间，每个时间段安排成员负责拍照、录制短视频记录活动过程；

2. 在场的工作人员在活动过程中适当调节气氛，调动同学们的积极性并做好现场秩序维护；

3. 活动过程中所有参与人员要注意人身安全；

4. 活动后，全体工作人员要打扫、清理活动场地。

十、活动预算

物品	数量	金额
气球	10 个	5 元
垃圾桶	2 个	20 元
指示牌	4 个	20 元
奖品	5 个	50 元
便利贴	15 个	5 元
总计	—	100 元

十一、活动要求

活动真实、有效，积极调动大家对游戏的热情和重视环保的意识。

十二、活动主办方

沈阳师范大学绿色环保志愿者协会

十三、活动承办方

沈阳师范大学绿色环保志愿者协会

十四、工作人员安排

行政工作部：负责排值班表，PU签到；

活动策划部：负责活动策划书的撰写，活动过程拍照；

平面媒体部：负责宣传活动的展板设计；

新闻采编部：负责撰写新闻稿和活动总结；

对外联络部：负责拉赞助，组织学生参加活动；

新媒体运营部：负责活动新闻发布以及PU活动的发布。

第二节　春芽行动公益协会

一、社团简介

沈阳师范大学春芽行动公益协会成立于2013年3月，协会是在沈阳师范大学领导下，面向沈阳师范大学招收会员，以募捐、讲演、义卖等为主要活动方式，以关爱贫困儿童、关心社会、提升大学生综合素质为主要目标的开放性学生协会。协会的宗旨是提高大学生综合素质，丰富大学校园文化生活，培养沈阳师范大学学生的爱心以及责任心。

八年来，春芽行动公益协会整合校内外资源，开展以下定项活动作为社团主打特色活动并进行了拓展。

（一）清晰沈师

团队人员走遍沈师角落，手绘校园地图，联系全校各学院主要负责人，在新生到来之际，将地图送给每个新生，方便他（她）们更好地熟悉校园，帮助他们融入大学生活并爱上我们美丽的沈阳师范大学。地图后面更有校园附近特色小店介绍，还为新生们专设了校园特色文化介绍和魅力社团介绍专栏，让同学们第一天就能感受到沈师的独特魅力，体验缤纷多彩的校园生活。这版手绘牛皮纸地图，有的不只是一份为离家外出孩子们带来的温暖，对春芽而言，更是一种传承，一种我愿意的信仰，一种八年如一日的坚持。

（二）“来自星星的孩子”

“自闭症”这个词已经慢慢进入了我们的生活，在我们的身边时时刻刻都有这样的孩子出现，他们活在自己孤立的小世界里，不愿或者不能与外界交流。也许他们也渴望，但他们却做不到，希望他们可以快乐，可以像正常孩子一样健康快乐地成长在蓝天下。为了呼吁更多的人去关注自闭症儿童，春芽行动公益协会与沈阳市华红宇儿童托养中心建立合作关系，成立海洋天堂服务队，于每月定期去托养中心义务为自闭症儿童上康复课，教导自闭症孩子们读书写字画画，帮助他们开启一扇沟通之门。活动不仅让我们对自闭症有了一定的认识，同时在活动的过程中同学们对生命的理解与感受也有了更深的体会。活动让我们的心灵深深地震撼了，生命的宝贵与脆弱是那么明显。志愿者通过和自闭症儿童的接触交流，去了解那些儿童的心理和生活方式，同时也将我们的收获及内心感受反馈给更多的志愿者，让社会上更多的人来关心爱护这些自闭症的孩子，尊重他们的内心世界。而且这是一次非常成功的活动，对我们有无限的教育寓意，也让更多的人关爱这些自闭的孩子，让尊重生命成为一种信仰。

（三）三八南社区辅导

针对沈阳三八南社区的孩子们成立三八南社区辅导站，春芽行动公益协会志愿者每月定期去辅导站为孩子义务讲课。我们给孩子们辅导数学、语文、英语等他们学习的主要科目，并在孩子们休息时给他们讲讲故事，教他们一些趣味性比较强的游戏。这些孩子们很调皮，不能专心听志愿者讲知识。对于小学三、四年级的孩子们，最重要的就是培养他们学习和生活的好习惯。我们到三八南辅导站的目的不只是为了教他们知识，更重要的是帮助他们培养学习和生活的好习惯，让孩子们在以后的生活中能够身心健康地成长。

（四）送温暖，关爱“三无人员”活动

春芽行动公益协会于每年固定时间多次去沈阳市社会福利院开展为“三无人员”送温暖活动。活动面向人群为“14岁至70岁”不等的无生活来源、无劳动能力、无法定抚养义务人的人士以及参加抗美援朝退伍的老红军。我们为福利院的人们带了食品、衣服，帮助美化福利院的环境。有些有智力障碍的人们，福利院为了他们的安全将他们限定在一定的区域内。当志愿者步入这个区域时有些惊慌，经过和他们的相处，我们发现他们其实都如同孩子般善良天真，我们被他们无邪的笑脸所感动。那一刻，所有的距离感一下子消失不见。就这么简单，当善良与善良遇上，这份相遇必定精彩。每次活动我们都会被福利院温暖的气氛所感染，谁知道阳光下会发生怎样温馨的故事。衷心祝福这片地方会吸引来更多的爱与温暖，不只是因为这里越来越美好的风景，更是因为这里居住着真善美的人们。

（五）故宫文明引导活动

为倡导文明旅游，提升居民文明旅游意识和旅游文明程度，营造文明、诚信的旅游环境。沈河区文明办携手辽宁省各高校公益联合会、团委组织志愿者在故宫景区开展了“志愿者服务，让旅游更美好”为主题的文明旅游宣传志愿服务活动。从2016年9月到2020年11月，春芽行动公益协会的志愿者经过三年的时间，见证了故宫四季的更迭，春雨到冬雪的交替。“风里雨里，故宫等你”，志愿者们将这当成一场与故宫的约会，这些红马甲慢慢地成为故宫一道靓丽的风景线。从刚开始只是帮忙拾捡垃圾，到现在帮助游客引路，介绍这历史文化名城；宣传并规范共享单车的使用和停放；维持步行街内的秩序。越来越多的人愿意相信志愿者们是真心想为这座城市、为游客做些他们力所能及的事情。而志愿者们从只能拾捡垃圾到现在的文明引导，开始慢慢地走向公共文明引导的初衷，了解到做每一件事应有的责任和心境。这不仅是志愿者和社会人群的成长，更是一座城市文明程度的提升。

（六）沈阳科学宫志愿讲解

沈阳科学宫志愿服务活动是春芽行动公益协会于2019年9月新开展的活动。志愿者作为科学宫科普工作团队的一员，成为展教工作中不可或缺的辅助力量，将为广大观众提供专业的科普讲解，解答咨询、维护秩序、场馆导引等服务。该志愿者服务活动培养了“芽芽”们的社会实践能力，使“芽芽”们认识到应该积极投身于社会实践中去，不断丰富人生阅历，为以后的工作打下坚实的基础。此次活动还培养了“芽芽”们的责任心，使“芽芽”们认识到职业没有高低贵贱之分。科学宫志愿活动真的使“芽芽”们收获了许多。

（七）松汇养老院志愿服务

为弘扬中华民族尊老敬老的传统美德，共建和谐社会，展现沈阳师范大学青年学生志愿者的优秀素养与担当，增强大学生社会责任意识与奉献意识，以及促进同学们之间的交流，春芽行动公益协会于每月开展松汇养老院服务活动。为老年人献上自己的一份爱心，为老年人做一些力所能及的事，送上对老年人的一份关怀。慰问养老院的孤寡老人，给他们送去一份关爱和温暖，让他们感受社会大家庭的温暖。

二、部门及职责

（一）综合事务部

综合事务部是该社团的核心部门，工作量庞大，主要负责活动策划以及社团的排班和签到等，下达社长、副社长通知，验收各部门的工作完成情况。进入该部门会接受策划、总结、新闻稿、表格制作等方面的培训。

（二）经费管理部

该部门主要负责PU口袋、活动赞助的洽谈、社团的各个项目支出费用记录、对外活动的联系、拉取社团活动经费的赞助以及接手之前特色活动部的相关事宜。

（三）宣传部

该部门主要负责社团活动的前期宣传工作和后期的影像材料制作整理，以及微信公众平台和微博的推广，制作宣传板，绘制宣传画等。

（四）活动实践部

1. 海洋天堂服务队：海洋天堂服务队是针对自闭症儿童服务的队伍，该队伍会定期到沈阳华红宇儿童托养中心陪孩子们上课，帮助自闭症孩子们做康复工作。在每年的自闭症日也会开展相应的活动为自闭症儿童献爱心。

2. 爱心葵花教辅队：该团队工作主要有两个方向，一是在康壮社区和三八南社区，我们每月会固定到社区为孩子们免费辅导功课；二是我们会定期前往聪聪幼儿园，为贫困的孩子们上课，主要负责艺术类的课程。要求：有责任心，对孩子有耐心。

（五）业务培训部

该部门主要有两方面的工作。一方面负责代表社团参加各种表演活动，例如养老院，幼儿园等；另一方面，负责一些活动的礼仪出席。

三、社团活动案例

【案例1】“重走长征路”之阳光健走

一、活动主题

回首风雨路，漫漫征程。体会红军长征的不易。加强学生吃苦耐劳的精神，增强青年人革命品质，回首过往，珍惜当下生活。

二、活动背景

身为当代大学生的我们深知饮水思源的道理。万里长征的胜利为我们如今的生活做了完美的铺垫。在红军长征胜利80周年之际，我们愿做一系列活动去尽我们的能力影响广大学生——不忘长征苦，重走长征路。

三、活动的目的和意义

阳光健走，提高当代大学生身体素质。当代大学生在优越的环境里长大，当代大学生的身体素质普遍下降，希望通过阳光健走活动可以号召大学生热爱运动。同时希望大学生能够理解长征的不易，珍惜当下生活，培养革命精神。

四、活动地点及时间

沈阳市东陵区福利院、阳光健走路线（沈阳师范大学→九一八历史博物馆）。

2017年5月7日至2017年5月8日

五、活动对象

春芽行动公益协会全体会员、广大学生志愿者。

六、活动内容和各阶段准备

（一）筹备阶段

1. 所需物资的申请；

2. 在公众号上提前发布此次活动，并征集报名参加活动的同学；

3. 排练表演节目。

（二）活动内容

活动第一天——慰问老兵：志愿者陪伴老兵，与他们聊天，志愿者为老兵进行文艺演出，老兵上台为大家讲述他所经历的战争故事；

活动第二天——阳光健走：志愿者集合，按照规定路线行走。

（三）活动后工作

1. 活动结束后，全体参与活动的人员拍照合影留念；

2. 组织人员进行场地清洁；

3. 清点活动物资；

4. 及时撰写活动总结并在公众号上发布活动推文，总结该活动带来的一些感想。

七、活动宣传

活动前期：宣传组做好活动的宣传工作——将活动时间、内容详情发到网络平台；

活动后期：整理活动照片，撰写活动新闻稿和活动总结，并将新闻稿发布到春芽公益公众号。

八、活动总结

通过这次活动，大家了解了更多长征的故事，理解了上一代革命者的艰辛，每个人都有了自己新的想法与感悟，在未来的学习或工作过程中，都会有更加明显的动力。

【案例2】爱驻夕阳 关爱老人

一、活动主题

德乃人之本，孝为德之先。尊老敬老作为中华民族传统美德，源远流长。敬老爱老助老是我们中华民族的传统美德，是先辈传承下来的宝贵精神财富。为进一步形成全社会关心支持敬老院工作良好局面，促进敬老院健康发展，我们积极争取，努力实现敬老院与社会的互动。

二、活动背景

恰逢传统节日“九九重阳节”之际，春芽行动公益协会、辽宁古生物博物馆志愿者协会和绿色环保志愿者协会于10月13日上午来到松汇养老院联合开展了“爱驻夕阳 关爱老人”重阳节敬老院活动，为老人们送去一份关爱和温暖。

三、活动的目的和意义

通过这次活动让同学们了解到百善孝为先这个中华民族的传统美德，也能够让同学们在和老人交流的过程中，了解到老前辈的生活环境。慰问活动，不仅为敬老院的老人送来了欢乐，还让我们接受了一次尊老爱老的教育。

四、活动地点及时间

沈阳市松汇养老院

2019年10月13日

五、活动对象

春芽行动公益协会全体会员、广大学生志愿者。

六、活动内容和各阶段准备

（一）筹备阶段

1. 所需物资的申请；

2. 在公众号上提前发布此次活动，并征集报名参加活动的同学；

3. 排练表演节目。

（二）活动内容：慰问老人

1. 志愿者集合，统一路线到松汇养老院；

2. 志愿者陪伴老人，与他们聊天；

3. 志愿者为老人进行文艺演出；

4. 老人与志愿者一同表演，共聚一堂。

（三）活动后工作

1. 活动结束后，全体参与活动的人员拍照合影留念；

2. 组织人员进行场地清洁；

3. 清点活动物资；

4. 及时撰写活动总结并在公众号上发布活动推文，总结该活动带来的一些感想。

七、活动宣传

活动前期：宣传组做好活动的宣传工作——将活动时间、内容详情发到网络平台；

活动后期：整理活动照片，撰写活动新闻稿和活动总结，并将新闻稿发布到春芽公益公众号。

八、活动总结

在本次活动中，志愿者们收获的不仅是经历，更是一段跨时代的感情交流。老人们之间的感情、志愿者们的感情、老人与志愿者们之间的感情，都无法用语言形容。在此重阳佳节之际，志愿者们送出最真切的问候，希望老人们福如东海长流水，寿比南山不老松。

【案例3】故宫文明引导

一、活动主题

沈阳故宫是一座有着近400年历史的皇家宫殿建筑群，是世界文化遗产。沈阳故宫以强烈的责任心和使命感在观众和历史、艺术之间搭建了一座桥梁，我们有责任奉献自我，引导游客文明游行，保护周围环境卫生，为保护珍贵的文化遗产尽自己的一份力。

二、活动背景

为倡导文明旅游、提升居民文明旅游意识和旅游文明程度，营造文明、诚信的旅游环境，助力政府全面启动“三城联创”工作，春芽行动公益协会组织志愿者于4月22日在故宫景区开展了“志愿者服务，让旅游更美好”相关志愿活动。

三、活动的目的和意义

通过这次活动引导游客文明出游，保护故宫周边环境；引导游客文明参观，珍惜历史古迹，让传统遇见未来。

四、活动地点及时间

沈阳故宫

2018年4月22日

五、活动对象

春芽行动公益社团全体会员、广大学生志愿者。

六、活动内容和各阶段准备

（一）筹备阶段

1. 所需物资的申请；

2. 在公众号上提前发布此次活动，并征集报名参加活动的同学；

3. 排练表演节目。

（二）活动内容：

（1）4月22日11点45，在古生物博物馆集合，由负责人带领大家去沈阳故宫；

（2）下午1点，志愿者到达故宫集合点，负责人发放工具，分划每个人负责的位置；

（3）开始文明引导和清理垃圾；

（4）归还工具，负责人宣布活动圆满成功。

（三）活动后工作

1. 活动结束后，全体参与活动的人员拍照合影留念；

2. 组织人员进行场地清洁；

3. 清点活动物资；

4. 及时撰写活动总结并在公众号上发布活动推文，总结该活动带来的一些感想。

七、活动宣传

活动前期：宣传组做好活动的宣传工作——将活动时间、内容详情发到网络平台；

活动后期：整理活动照片，撰写活动新闻稿和活动总结，并将新闻稿发布到春芽公益公众号。

八、活动总结

引导活动匆匆而过，作为志愿者的我们在这里为迷路的行人找到正确的方向，看见了大家相貌不同却有着同样坚定的目光。加入春芽的我们需要承担责任，不辜负我们的决定，为我们的选择负责，这是我们所有春芽人的信仰！有了这样的坚持，对于故宫文明活动我们以后一定能够做得更好。

【案例4】青春心向党 青年有作为

一、活动主题

为了纪念五四运动，弘扬革命精神，春芽行动公益协会于2019年5月11日开展“青春心向党，青年有作为”的主题活动。

二、活动背景

2019年是“五四”运动第100周年。星星之火可以燎原，这场反帝反封建的爱国运动，作为新民主主义革命的开端，为中国带来了新思潮，特别是青年学生的力量改变了当时中国的腐旧思想，为中国共产党的诞生奠定了基础。作为当代青年大学生，深入了解五四风云、传承五四精神是义不容辞的使命。

三、活动的目的和意义

加强爱国主义教育，使同学们更深入了解五四运动的历史，弘扬爱国主义；让同学们学会感恩、懂得回报，牢记先烈们的血泪付出，为国家发展和进步做出贡献；提高同学们的政治思想，时刻为共产主义事业发展做出贡献和牺牲；加强各高校间的联系，增进同学们及志愿者们的感情，加强青年志愿者团队的凝聚力。

四、活动地点及时间

沈阳故宫

2019年5月11日

五、活动对象

沈阳各大高校志愿者代表、沈河区团委工作人员及高校公益联盟人员。

六、活动内容和各阶段准备

（一）筹备阶段

1. 所需物资的申请；

2. 在公众号上提前发布此次活动，并征集报名参加活动的同学；

3. 排练表演节目。

（二）活动内容

第一部分：

1. 青春心向党（队形变换）；

2. 奏唱国歌；

3. 团旗入场、重温入团誓词；

4. 团旗下演讲；

5. 领导讲话；

6. 合唱《光荣啊，中国共青团》。

第二部分：青年有作为

在沈阳北站、辽宁大剧院、沈阳故宫、大帅府、中街、小南广场、五爱购物中心、盛京大剧院、沈阳市图书馆等8个区域开展志愿服务（录制视频短片）。

（三）活动后工作

1. 活动结束后，全体参与活动的人员拍照合影留念；

2. 组织人员进行场地清洁；

3. 清点活动物资；

4. 及时撰写活动总结并在公众号上发布活动推文，总结该活动带来的一些感想。

七、活动宣传

活动前期：宣传组做好活动的宣传工作——将活动时间、内容详情发到网络平台；

活动后期：整理活动照片，撰写活动新闻稿和活动总结，并将新闻稿发布到春芽公益公众号。

八、活动总结

身为一名五四青年，应该努力做到“青春心向党 青春有作为”，增强社会责任感，坚定信念——做一名优秀的五四青年。明确身为一名党员或团员应该做什么，我们要始终发挥党的助手和后备军的作用，始终保持先进性，不断增强党的阶级基础和扩大党的群众基础的战略和高度，做到“青春心向党 青春有作为”。

【案例5】情暖“星”空 携手同行

一、活动主题

在世界自闭症日到来之际，以爱的名义用双手去创造这样一场独特的活动来了解、走进自闭症儿童的世界，从而让更多人认识这个特殊的群体。这将是一场充满心意与爱意的关爱自闭症儿童的活动。

二、活动背景

每年4月2日为世界自闭症日，每一个星星的孩子，都值得被关爱。然而自闭症儿童这一特殊群体，他们拥有清澈的双眼，却很少与人对视；听力敏锐，却对父母的呼唤充耳不闻；偶尔会喜笑颜开，却不会同你分享……他们，只是一群普通的孩子，让我们对“星星的孩子”多一些了解，少一些误解。

三、活动的目的和意义

为提高我校大学生对自闭症的认识，争取帮助到患病儿童，春芽行动公益协会举办此次活动，旨在让更多的人了解自闭症儿童，走进他们的内心，同时呼吁大学生加入关爱自闭症儿童的队伍，汇聚爱的力量，关爱自闭症儿童，义不容辞。我们希望从此时此刻起，更多的人会给他们一份温暖，会接受并尊重他们！每一位星星的孩子都是即将萌发的“芽芽”，都是夜空中璀璨的“星”，都是这个世界最好的未来！关爱自闭症儿童，陪伴是最长情的告白！我们一直在！

四、活动地点及时间

沈阳师范大学北区运动场

2021年4月1日下午17：30—19：00

五、活动对象

沈阳师范大学春芽行动公益协会全体会员以及学校部分学生。

六、活动内容和各阶段准备

发放蓝丝带、讲解关于自闭症儿童的相关知识、节目表演以及小游戏等等。

（一）筹备阶段

1. 宣传组负责活动宣传工作——将活动详情发到网络平台（春芽公益微信平台、春芽行动爱心群、PU口袋发布）、宣传板的绘制、海报的张贴；

2. 购买小礼品、蓝丝带以及邀请其他社团进行表演观看、节目彩排等；

3. 社团成员下午五点左右进行摆棚子及场地装扮，做好签到，准备社团纸质二维码以及礼品。

（二）活动详情

1. 开场舞蹈；

2. 分发蓝丝带加头饰；

3. 进行抢凳子游戏；

4. 击鼓传花游戏；

5. 部员大合唱《不完美小孩》；

6. 祈福：在场的同学双手合十进行祈福，为自闭症儿童送去真诚的祝福，为世界带来一些温情；

7. 拍摄大合照，记录活动日。

（三）活动后工作

1. 活动结束后，全体参与活动的人员拍照合影留念；

2. 组织人员进行场地清洁；

3. 清点活动物资；

4. 及时撰写活动总结并在公众号上发布活动推文，总结该活动带来的一些感想。

七、活动宣传

活动前期：宣传组做好活动的宣传工作——将活动时间、内容详情发到网络平台；

活动后期：整理活动照片，撰写活动新闻稿和活动总结，并将新闻稿发布到春芽公益公众号。

八、活动总结

这次活动让我们更加了解了自闭症和星星的孩子，每一环节都令我们印象深刻。在合唱时，我们系着蓝丝带，挥动着点亮的星星“魔法棒”，当时有种感受是我们真的在和自闭症儿童对话，真实在告诉他们“不是一个完美的小孩又如何，我们不用满足所有人的期待，我们就是最独特的星星”。在祈福时，看到这么多人一起为自闭症儿童双手合十祈福的场面真的很震撼。最后我们希望这种美好不止存在于活动中，如果在生活中我们真的遇到了星星的孩子，可以多一些耐心去聆听他的话，多一些爱心去帮助他们，让点滴星光把夜空点亮。

第三节　野生动物保护协会

一、社团简介

沈阳师范大学野生动物保护协会成立于2010年4月30日，是沈阳师范大学公益服务性社团之一，是校级四星级社团，是一个以保护野生动物、增强生态和谐意识为目标的学生社团组织。在指导教师带领下，协会一直秉承着“团结进取、求实创新、服务学生”的宗旨，始终以“保护野生动物，共创和谐家园”为不断追求的目标，为保护、拯救濒危和珍稀动物做贡献，不断用团队的力量去践行野生动物保护精神。

沈阳师范大学野生动物保护协会迄今为止已经有十二年的历史，一批又一批热爱野生动物的人相聚在一起，先后举办过“保护野生动物，志愿者在行动”的猛禽救助活动、“护飞行动”、校园内的流浪动物安家活动等大大小小的各种实践、竞赛、宣传活动数不胜数。而成为沈阳市动物保护协会沈师分会更是给予了该社团充分的肯定，同时也坚定了社团成员们对保护野生动物的决心。

二、部门及职责

（一）综合事务部

综合事务部是该社团组织的常务机构，主要负责撰写活动的策划，为各项活动的成功举办保驾护航；日常的办公活动，记录会长、部长会议和各部门例会的内容；管理办公用品，协助各部门开展各项工作，整理文件，收集意见，建立并完善社团干部档案和文书资料；在各个部门之间起到良好桥梁枢纽的作用，更好地协调各部门及各干部之间的关系；加强社团的一体化建设，统筹协调各部门的工作。

（二）经费管理部

经费管理部是该社团组织的重要部门，主要负责社团活动经费的预算、审批、使用和监督等。同时经费管理部也要联系配合其他部门来做一些社团任务。经费管理部可以很好地锻炼人的交往能力和语言表达能力。

（三）宣传部

宣传部主要负责每次活动及通知的海报展板制作，以及各种活动的展板搭建；同时负责社团公众号，充分了解新媒体宣传工作所遵循的主要逻辑与基本流程，掌握新媒体宣传文案创作的构思与写作要领。

（四）业务培训部

业务培训部是一个重要的部门，主要负责培训部员及志愿者相关技能及业务，包括日常专业技能及知识，活动相关技能和知识。该部门是野生动物保护协会的技术支撑，也是每一个野生动物保护协会的人都要面对的一个部门。

（五）活动实践部

活动实践部是一个很严谨的部门，野生动物保护协会活动实践部就是要组织各种各样活动的部门，小到平时的例会组织，大到学生大型活动的开展，都是活动实践部管辖内的事情。野生动物保护协会活动实践部是策划与组织各项学生活动，是社团的中枢部门，是将野生动物保护协会一切活动及计划付诸行动及保驾护航的部门。

三、社团活动案例

【案例1】“保护野生动物，志愿者在行动”主题活动

一、活动主题

为充实校园文化生活，丰富大学生课余实践活动，宣传野生动物保护的重要性，沈阳师范大学野生动物保护协会在沈阳猛禽救助中心开展“保护野生动物，志愿者在行动”主题活动。

二、活动背景

野生动物是人类的朋友，是自然生态系统的重要组成部分，是大自然

赋予人类的宝贵自然资源。保护野生动物，维护自然生态平衡，不仅关系到人类的生存与发展，也是衡量一个国家、一个民族、一个城市文明进步的重要标志。我国的野生动物资源已十分稀少，有些品种甚至已到了濒危的地步。因此，进行一系列以保护野生动物为主题的活动，是极其必要的。开展野生动物保护志愿者活动，倡导广大学生保护野生动物的理念，引导其为了保护野生动物宣传与行动，从而形成全社会保护野生动物的良好氛围。

三、活动的目的和意义

志愿者通过参与一系列以动物为主题的活动，使其初步了解动物与人的关系，从而激发志愿者热爱动物，保护动物的情感，以达到保护动物的目的。

四、活动地点及时间

沈阳师范大学时代广场 2018年4月25日

沈阳猛禽救助中心 2018年4月30日

五、活动对象

沈阳师范大学野生动物保护协会志愿者。

六、活动内容和各阶段准备

（一）筹备阶段

1. 所需物资的申请；

2. 志愿者招募：通过制作板报、海报等在时代广场进行活动宣传，同时招募爱心志愿者。

（二）活动详情

1. 志愿者参与沈阳猛禽救助中心工作人员喂养动物等方面的学习；

2. 安排志愿者参与喂养小动物、打扫笼舍等工作。

（三）活动后工作

1. 活动结束后，全体参与活动的人员拍照合影留念；

2. 清点活动人员及物资；

3. 活动结束后相关人员讨论总结，并在公众号上发布推文。

七、活动宣传

前期宣传：在野生动物保护协会公众号上进行线上宣传，并在时代广场进行线下宣传及志愿者招募工作；

后期宣传：活动结束，及时进行总结并在公众号上发布推文。

八、活动总结

此次活动不仅增强了我校大学生保护动物的责任意识，还有效增进了我校大学生与野生动物的情感，从而形成保护野生动物的良好氛围。本次活动以自愿参与的方式开展，使口头派变成实践派，最大的成功之处就是在实践中丰富了经验也温暖了小动物，充实了生活也回报了自然。在此次活动中，志愿者们都积极活跃，认真对待自己分内的工作，现场其乐融融，大家一点也没有懈怠之色。在大家的相处下，越来越多的人积极参与到活动当中，欢快、热闹的活动氛围感染着现场的每一位同学。类似的活动将一直延续下去，每周六都会举办类似活动，猛禽救助中心也需要你们。希望通过志愿者行动，能够让同学们更加热爱野生动物，共同打造人与动物和谐相处的美好未来！相信在大家的共同努力下，一定会有越来越多的同学愿意参与到这项活动当中，尽一己之力，使我们的家园越来越美！

【案例2】野生动物保护协会“护飞行动”

一、活动主题

为增加沈阳市民对鸟类的关注度，杜绝捕杀、偷盗鸟类等现象，沈阳师范大学野生动物保护协会志愿者来到万柳塘鸟市参加由沈阳市野生动物保护协会举办的“护飞行动”。

二、活动背景

万柳塘鸟市现场十分拥挤，众多商贩在贩卖鸟类，其中不乏国家级保护动物、珍稀鸟类。每个商铺前都有人群驻足观赏，甚至有人以买到珍稀鸟类为荣。

三、活动的目的和意义

让志愿者通过参与此次活动，初步了解鸟类与人的关系，从而激发志愿者热爱鸟类、保护鸟类的情感，以达到保护鸟类的目的。同时呼吁市民保护野生动物，减少对大自然的破坏。鸟类不仅是人类的朋友，更是人类赖以生存的自然生态系统的重要组成部分。

四、活动地点及时间

万柳塘鸟市2018年6月10日

五、活动对象

沈阳师范大学野生动物保护协会志愿者。

六、活动内容和各阶段准备

（一）筹备阶段

1. 所需物资的申请；

2. 志愿者招募：通过制作板报、海报等在时代广场进行活动宣传，同时招募爱心志愿者。

（二）活动详情

1. 每个参与者学习相关鸟类知识，了解活动流程；

2. 志愿者们到达现场后，分发印有此次“护飞行动”主要宗旨和内容的宣传单，向广大市民详细地讲解鸟类对环境的重要性以及保护鸟类的意义等内容。

（三）活动后工作

1. 活动结束后，全体参与活动的人员拍照合影留念；

2. 清点活动人员及物资；

3. 活动结束后相关人员讨论总结，并在公众号上发布推文。

七、活动宣传

前期宣传：在野生动物保护协会公众号上进行线上宣传，并在时代广场进行线下宣传及志愿者招募工作；

后期宣传：活动结束，及时进行总结并在公众号上发布推文。

八、活动总结

通过这次活动，同学们了解到鸟类相关知识，意识到保护鸟类多样性对于生态环境以及人类社会的重要意义，同时使市民了解了保护鸟类及野生动物的重要性和必要性，让越来越多的人加入保护野生动物的行列。

【案例3】校园内流浪猫安家

一、活动主题

为了提高同学们关心小动物的意识，沈阳师范大学野生动物保护协会举办了校园内流浪猫安家的主题活动。此次活动由会长带领若干部员进行，本着关爱小动物的原则，对校园的流浪猫给予关爱与保护。

二、活动背景

在我们身边生活着一群可爱的精灵——流浪猫，它们或是被遗弃，或是走丢，最终流浪到我们的校园安家落户。每当寒冷的冬季，他们蜷缩着身体，在路旁瑟瑟发抖，许多同学为其担忧。我社团得知此况，决定举办本次校园内流浪猫安家活动。

三、活动的目的和意义

通过此次活动不仅要让校园内的流浪猫拥有栖身之所，而且让志愿者亲身体验保护救助流浪动物，加深对野生动物保护的理解，并增强个人动手能力及团队协作能力。

四、活动地点及时间

沈阳师范大学校园内　2018年3月11日

五、活动对象

沈阳师范大学野生动物保护协会志愿者。

六、活动内容和各阶段准备

（一）筹备阶段

1. 所需物资的申请；

2. 志愿者招募：通过制作板报、海报等在时代广场进行活动宣传，同时招募爱心志愿者；

3. 对校园进行调查，对流浪猫活动区域进行划分。

（二）活动详情

1. 每个参与者进行手工小培训，并进行分组及区域划分；

2. 制作流浪猫的家，材料由协会提供或利用身边的废物改造；

3. 志愿者按分组区域投放流浪猫的家。

（三）活动后工作

1. 活动结束后，全体参与活动的人员拍照合影留念；

2. 活动结束后相关人员讨论总结，并在公众号上发布推文；

3. 定期对流浪猫窝进行维护与更新。

七、活动宣传

前期宣传：在野生动物保护协会公众号上进行线上宣传，并在时代广场进行线下宣传及志愿者招募工作；

后期宣传：活动结束，及时进行总结并在公众号上发布推文。

八、活动总结

此次活动旨在体现爱护小动物的理念，不仅增强了社团成员间的凝聚力，还为野生动物保护协会的发展做了很好的宣传。希望本次活动能号召更多同学关爱身边的流浪小动物，让我们尽自己的微薄之力帮助它们吧！

第四节 讲辩协会

一、社团简介

沈阳师范大学讲辩协会成立于2011年3月，是沈阳师范大学知名的“演讲与辩论”学术性学生社团之一，是一个由热爱演讲辩论，对口才、公关、交际有浓厚兴趣的在校大学生组成的集群众性、知识性、技巧性于一体的学术创新社团。

协会的宗旨是展现当代大学生价值取向，培养同学们求真务实的精神、严谨敏锐的思维，提高演讲辩论水平。讲辩协会自成立以来，始终按照学校的指导方针开展各项活动，按照协会章程宗旨办事，为广大学生提供了一个自由活跃的展示才华的舞台，丰富了在校大学生的课外生活，深得广大师生的好评。该社团通过开展校级辩论赛、新生辩论赛等一系列活动，发掘了一批口才精英，通过开展各类演讲活动，让大学生充分感受到“演讲与辩论”的魅力。

讲辩协会从2011年成立至今，已走过了10个春秋。在这十年的时间里，讲辩协会在学校、学院的支持和指导下，通过自身的不断完善、吸纳和发展，逐渐成为一个有着完善制度、完善的培养体系让同学们充分展示自我的舞台和平台，更是一个充满温暖、充满活力的大家庭。

二、部门及职责

（一）综合事务部

1. 负责社团相关文件的起草、收发、整理和归档，合理保管社团物品；
2. 负责日常表格的制作，收集整理协会成员名单；
3. 负责协会财务管理，详细记录活动收支。

（二）经费管理部

1. 负责社团活动的承办、筹备、组织工作；
2. 负责辩论赛会场的布置、计时举牌等工作的统筹安排。

（三）宣传部

1. 负责协会所有宣传展板、海报等设计与制作、张贴工作；
2. 负责社团活动的拍照、宣传报道等工作；
3. 负责相关活动PPT及视频的制作等；
4. 负责微信公众号的日常营运管理；
5. 负责定期更新微信公众号推文；
6. 负责社团推广，增加粉丝的关注数量。

（四）活动实践部

1. 负责组织队员与各院辩论队打辩论友谊赛；
2. 负责开展日常基础口才的训练、锻炼会员的公众演讲和即兴演讲能力，提高会员的演讲技巧；
3. 负责组织会员参加各类演讲比赛和大型辩论活动等。

（五）业务培训部

1. 负责开展辩论基础训练；

2. 负责锻炼会员的辩论能力；

3. 负责提高会员的辩论技巧。

三、社团活动案例

【案例1】宏辞论道 以辩会友

一、活动主题

思考并讨论社会与生活的热点现象，通过辩论赛增进大一新生的友谊。

二、活动背景

为丰富大一新生的校园文化，提高同学们的语言表达能力、活动组织能力和逻辑思维能力，营造浓厚的校园学术氛围，增进同学们对社会的关注以及对生活的思考，提高讲辩协会新生辩论水平，讲辩协会开展以关注社会为背景的“宏辞论道 以辩会友”主题辩论赛。

三、活动的目的和意义

1. 激发参与者对环境问题和相关社会现象的探讨，引发人们关注并探讨其背后的解决方案；

2. 锻炼参与者的思辨和表达能力，同时丰富在校学生的业余文化生活。

四、活动地点及时间

沈阳师范大学博文楼 2019年12月1日

五、活动对象

沈阳师范大学全体新生。

六、活动内容和各阶段准备

四人组成辩论小队，在截止时间前，把队长和队员报至报名负责人处。负责人整合相关队伍，进行辩题抽取，完成分组。

（等候通知）

（一）辩题：

1. 一生只和一个人恋爱终老是/不是一种遗憾；

2. 接受/改变现实更需要勇气；

3. 青年成才的关键是自身能力/外部机遇；

4. 师范生在大一的时候应不应该去从事家教。

（二）主持人介绍评委，比赛规则

（三）比赛开始

开篇立论环节

1. 陈词1（双方各3分钟）：由双方一辩担任，按先正方后反方顺序进行；

2. 质询1及被质询1（双方各2分钟）：正方一辩陈词结束后由反方四辩进行质询；反方一辩陈词结束后由正方四辩进行质询。质询方可以进行打断，被质询方不能进行打断、反问；

3. 陈词2（双方各2分钟）：由双方二辩担任，按先正方后反方顺序进行；

4. 质询2及被质询2（双方各2分钟）：由本方三辩质询对方二辩，双方共用2分钟，按先反方后正方顺序进行，规则同上；

5. 质询小结（双方各2分钟）：由双方三辩完成，按先反方后正方的顺序进行；

6. 自由辩论（双方各3分30秒）：正方先开始，此后正反方轮流发言。双方各有3分30秒时间。一方辩手发言落座时该方计时暂停，另一方计时开始；

7.结辩环节：（双方各3分30秒）。

（四）观众提问

（五）评委现场打分，上交给工作人员

（六）评委点评

（七）工作人员统计分数

（八）主持人宣布比赛结果，公布获奖名单

七、活动宣传

前期宣传：在讲辩协会公众号（讲是非，辩黑白）上做好活动宣传；

后期宣传：活动结束当晚，整理活动照片和撰写快讯，及时推送活动信息（包括活动照片、活动详情、合照等）。

八、活动总结

本次辩论赛的各个辩手们，都很好地贯彻了“以辩会友”的主题，在赛场上他们是互不相让的对手，而在赛后，他们互相鼓励，友好交流。不仅提高了思辨能力，更重要的是收获了友谊。

本次活动是讲辩协会所举办的新生辩论赛，在经历了初赛的角逐后，同学们对讲辩有了更进一步的认识。因此，本次辩论赛显得尤为精彩。选手们面对对手从容不迫，沉着冷静，每个人都充满了自信，展现了当代大学生应有的精神风貌。但与此同时，选手们的不足也明显地暴露出来，他们对自己的辩题理解的还不够深入，只抓住了其中的一小部分，还有更多的一部分未被发掘，因此在言语上显得有些单调，但相比上一次已经有了十足的进步。最为可贵的是，每名选手都做到了胜者不骄，败者不馁，能够虚心地听取评委们的意见，改进自己，弥补自身的不足，每名选手都跃跃欲试，期待着下次展示自己能力的机会。通过这次活动，我们对讲辩协会的未来有了更高的展望，有了如此多优秀的成员加入，讲辩协会一定会越来越有发展。

【案例2】吾思吾言 辩之有道

一、活动主题

五四青年节铭记了一段历史，代表了一群朝气蓬勃的青年人，弘扬了中华民族团结奋进的民族情怀，其意义不可小觑。

二、活动背景

随着五四青年节的到来，讲辩协会围绕学习贯彻党的十九大精神，奋力建设青年身边的共青团，对相关辩题进行辩论，加深广大青年对“中国梦”和社会主义核心价值观丰富内涵的理解，激发广大青年对伟大祖国的认同感和自豪感，引导广大青年肩负起时代使命。因此，讲辩协会开展以五四青年为背景的“吾思吾言 辩之有道”主题辩论赛。

三、活动的目的和意义

1. 激发参与者对环境问题和相关社会现象的探讨，引发人们关注并探讨其背后的解决方案；

2. 锻炼参与者的思辨和表达能力，同时丰富了在校学生的业余文化生活。

四、活动地点及时间

沈阳师范大学博文楼　2021年5月9日

五、活动对象

沈阳师范大学全体学生。

六、活动内容和各阶段准备

四人组成辩论小队，在截止时间前，把队长和队员报至报名负责人处。负责人整合相关队伍，进行辩题抽取，完成分组。

（等候通知）

（一）辩题：

1. 当代青年树立远大理想的路上应该遵循兴趣爱好还是社会发展潮流；

2. 人生道路上应该乘胜追击还是见好就收。

（二）主持人介绍评委，比赛规则

（三）比赛开始

开篇立论环节

1. 陈词1（双方各3分钟）：由双方一辩担任，按先正方后反方顺序进行；

2. 质询1及被质询1（双方各2分钟）：正方一辩陈词结束后由反方四辩进行质询；反方一辩陈词结束后由正方四辩进行质询。质询方可以进行打断，被质询方不能进行打断、反问；

3. 陈词2（双方各2分钟）：由双方二辩担任，按先正方后反方顺序进行；

4. 质询2及被质询2（双方各2分钟）：由本方三辩质询对方二辩，双方共用2分钟，按先反方后正方顺序进行。规则同上；

5. 质询小结（双方各2分钟）：由双方三辩完成，按先反方后正方的顺序进行；

6. 自由辩论（双方各3分30秒）：正方先开始，此后正反方轮流发言。双方各有3分30秒时间。一方辩手发言落座时该方计时暂停，另一方计时开始；

7. 结辩环节：（双方各3分30秒）。

（四）观众提问

（五）评委现场打分，上交给工作人员

（六）评委点评

（七）工作人员统计分数

（八）主持人宣布比赛结果，公布获奖名单。

七、活动宣传

前期宣传：在讲辩协会公众号（讲是非，辩黑白）上做好活动宣传；

后期宣传：活动结束当晚，整理活动照片和撰写快讯，及时推送活动信息（包括活动照片、活动详情、合照等）。

八、活动总结

在经过紧张的策划组织后，由讲辩协会主办的五四青年主题辩论赛终于落下帷幕。本次比赛算是比较成功，下面是对本次比赛做出简单的总结：此次大赛有两个辩题，分别是“当代青年树立远大理想的路上应该遵循兴趣爱好还是社会发展潮流”与“人生道路上应该乘胜追击还是见好就收”。辩题与当代大学生是息息相关的，让同学们有话可说；另外，辩题与时代密切相连，使得整个辩论场面显得精彩纷呈，而赛后又能引发人们的思考，耐人寻味。在辩论赛过程中，台上双方辩手唇枪舌剑，展示他们的青春风采。台下座无虚席，时不时地为辩手们精彩的辩论鼓掌。在观众提问阶段，也使辩题的讨论更加深刻。比赛结束后，各评委做出了总结并且宣布了胜利的一方，两个辩题都是正方胜利，结果公平、公正。赛后，同学们感觉受益匪浅、意犹未尽。

第五节　Never.G.O摄影协会

一、社团简介

沈阳师范大学Never G.O摄影协会成立于2011年，面向全校招收部员及会员，属于文化体育类学生社团组织。

Never G.O全称为“Never Grow Old”意为“不老的青春”。

Never.G.O摄影协会是一片充满活力的热土，社团中会有优秀的学长和学姐培训学生掌握有关摄影的知识，使学生在摄影技术上得以提升；该社团也会时常举办摄影活动和摄影比赛，丰富学生的大学生活；该社团还会不定期举办摄影作品讨论会、摄影知识交流会等，以拓展学生的摄影视野。

该社团成立于这个信息飞速发展的时代，致力于让更多人运用手中的相机留下每一个值得回忆的瞬间。摄影不仅是按下快门的动作，更为重要的是理解照片背后思维的广度和深度，这就是所谓的有温度的照片，也正是摄影协会想传达给外界的理念。Never.G.O摄影协会将会用相机记录青春，将美好的回忆定格，使之化成永恒，即使年华老去，青春也将永驻；Never.G.O摄影协会致力于让更多的人了解摄影、喜爱摄影，让摄影走进生活，通过摄影感受生活、热爱生活，记录每一段重要的回忆。

二、部门及职责

（一）创意摄影部

创意摄影部用照片说话，用照片传达情感，用照片感动大家。摄影部负责协会的摄影工作、摄影场景的布置以及摄影技术培训课程讲授，协调模特部对模特造型的整体设计以及负责图像的后期处理。

（二）对外宣传部

对外宣传部主要负责对摄影协会的各项活动进行各种形式的宣传；负责微信公众号的运营以及在社团微信平台上发布活动内容、进程以及结果；负责网络维护、网络建设；负责活动所需的展板、海报、宣传条幅的制作以及线上摄影作品展等等。

（三）办公策划部

办公策划部主要负责社团各项活动的组织策划，如校内外采风、线下作品展、线下摄影讨论会、团建等活动。同时，还要负责整理安排协会内务、协会事务整理以及规划、策划、协调各项活动等工作，是协会后勤保障的主力军，具有总揽全局，协调各方的作用。

（四）社交外联部

社交外联部主要负责与其他社团开展合作交流、校外摄影组织联盟、寻求赞助商赞助活动、争取活动经费等工作。

（五）精英模特部

精英模特部是协会的颜值担当，一方面要作为模特出镜外拍，参加比赛，组织走秀等摄影活动；另一方面，要负责对模特的体态、拍照姿势、衣着穿搭等方面进行培训指导。

三、社团活动案例

【案例1】五一·致敬最美劳动者

一、活动主题

拍出我们身边的最美劳动者，深刻感受身边劳动者的艰辛和不易。

二、活动背景

五一劳动节期间，我们身边有很多劳动者在为我们的美丽环境辛勤地劳作，我们用手中的相机拍出他们辛勤的身影，可以激发大学生学习的动力，可以更好地向劳动者们致敬。

三、活动的目的和意义

拍出我们身边的劳动者，感受他们的不易与艰辛，感受他们辛勤劳动；拍出他们劳作的背影，使我们发自内心地致敬他们，致敬那些为我们美丽环境做出贡献的人们。同时，通过本次活动，可以更好地团结同学，来一起为我们美丽的环境做出自己的贡献。

四、活动地点及时间

线上评选 2021年5月12日

五、活动对象

沈阳师范大学全体学生。

六、活动内容和各阶段准备

征集、比赛

（一）初选阶段

1.作品初选：由协会会长、副会长以及摄影部所有成员在上交作品中遴选较为优秀的作品进入微信投票环节；

2.微信投票：通过初选的作品我们将会链接微信投票，让全校师生参与投票环节；

3.教师评选：微信投票票数前40名的作品进入教师评选最终阶段。

（二）活动内容

作品内容：选择你认为最美的劳动者，拍出他们劳作的照片，要求记录下他们为我们身边环境做出的贡献和努力。

（三）结束阶段

进行线上评选，通过专业摄影人员的评选，评选出获奖作品，并给予相应的表彰奖励。

七、活动宣传

初期宣传：通过社团公众号和微信群发布关于活动宣传海报，进行作品征集；

结束宣传：通过社团公众号发布获奖作品名单，并及时撰写活动新闻稿和总结，在社团公众平台上推送。

八、活动总结

通过此次活动，我们可以拍出身边的劳动者，感受他们的不易与艰辛，感受他们的辛勤劳动；通过拍出他们劳作的背影，可以更好地团结同学们，来一起为我们美丽的环境做出自己的贡献；可以使同学们更加深刻地了解劳动者的不易和艰辛，让同学们能够更加珍惜劳动者的成果。

【案例2】忆往昔 母校峥嵘岁月 顾今朝 沈师万象更新

一、活动主题

拍出沈师具有标志性的建筑，以及让我们印象深刻的建筑，让同学们更好地了解沈师的历史。

二、活动背景

我校自1951年建校以来，已经历了六十五年历史的风雨和沧桑；值此母校65周年华诞之际，为了回顾母校历史、记录母校成长、宣传我校发展建设成果、彰显我校办学优势、展现我校新风貌，同时为了培养我校学生对摄影的兴趣，培养学生的审美情操，提高学生的摄影技术，丰富大学生的校园文化生活，特举办“忆往昔 母校峥嵘岁月 顾今朝 沈师万象更新”主题摄影展。

三、活动的目的和意义

1. 让同学们更好地了解学校历史；

2. 增强学生的摄影兴趣，提升学生的摄影技巧；

3. 彰显我校办学能力和水平；

4. 为学校65周年校庆献礼。

四、活动地点及时间

沈阳师范大学博文楼112教室 2016年10月21日

五、活动对象

沈阳师范大学全体学生。

六、活动内容和各阶段准备

征集、比赛

（一）初选阶段

1. 作品初选：由协会会长、副会长以及摄影部所有成员在上交作品中遴选较为优秀的作品进入微信投票环节。

2. 微信投票：通过初选的作品我们将会链接微信投票，让全校师生参与投票环节；

3. 教师评选：微信投票票数前40名作品进入教师评选最终阶段。

（二）活动内容

作品内容：选择你认为最具有母校新旧风貌的特色建筑、学院特色事物去进行拍摄；也可以发动你们的头脑，给母校周年纪念一份珍贵的礼物（照片形式）。

校园风貌组——将选出最佳校园风貌奖的作品；

技能优秀组——将选出最具有拍照技能的作品；

母校礼物组——将选出送给母校的最有意义礼物的作品；

人气小组——将选出1张最佳人气奖的作品。

（3）结束阶段

作品展览、制作影集，获奖作品制作视频影集以网络形式传播展览。

七、活动宣传

初期宣传：通过社团公众号和微信群发布关于活动宣传海报，进行作品征集；

结束宣传：通过社团公众号发布获奖作品名单，并及时撰写活动新闻稿和总结，在社团公众平台上推送。

八、活动总结

此次征集大赛面向沈阳师范大学全体在校师生（包括研究生、留学生）等，活动报名期间获得广大师生关注；参赛选手300多人遍布各个学院，上交作品共达500多张。经过严格的筛选，最后100幅作品进入投票环节；投票期间更是获得校内外的广泛关注，多份参赛作品票数近千，统计关注有20000多人参与此次作品投票。

通过此次活动，师生们更好地了解了沈师独有的自然风光和人文风景，在一定程度上激发了学生热爱沈师、爱护校园的沈师情怀。

【案例3】印象·师大·清新初夏

一、活动主题

同学们可以通过这次活动来拍出我们身边美丽的沈师校园，让我们对美丽的沈师校园有一个更好的认知。

二、活动背景

“谁收春色将归去，慢绿妖红半不存。榆荚只能随柳絮，等闲撩乱走空园”。春天即将归去，初夏悄悄来临，杨棉柳絮漫天飞舞，好似片片雪花。初夏，不同于春天的阴雨连绵，不同于盛夏的酷热难挡，不同于秋天的渐趋萧条，更不同于冬天的寒冷单调。校园充满了一份活力之美：操场上打篮球的学长们飒爽英姿；足球场上同龄的小伙伴矫健身影满是活泼，满是蓬勃向上的生机之力。很多美丽稍纵即逝，因此，我们用镜头定格美丽，与大家一起分享。让我们通过镜头捕捉师大的清新初夏，感受师大的多面印象。

三、活动的目的和意义

希望通过此次活动，让全校师生对学校有个新的印象，发现学校初夏的美丽清新，用镜头表达对师大的爱，也为广大摄影爱好者提供一个展示平台。我们也相信，这次活动，不论是对于社团，还是对于参加的同学们，都将会是一个美好的经历，让大家在不一样的视角下，去发现你熟悉而又陌生的沈阳师范大学的美。

四、活动地点及时间

沈阳师范大学

前期宣传报名：2019年5月6日至2019年5月8日

作品上交：2019年5月9日至2019年5月15日

评选时间：2019年5月16日至2019年5月19日

作品展示及颁奖仪式：2019年5月20日

五、活动对象

沈阳师范大学全体学生。

六、活动内容和各阶段准备

各阶段工作

（一）筹备工作

1. 物资：所需物资的申请，作为奖品使用；

2. 其他宣传预热：在公众号上提前发布此次活动，在公众号上征集报名。

（二）活动内容

关于印象·师大参赛作品要求：

1. 参赛图片由作者本人拍摄，拍摄时间不做限制，取景须在沈阳师范大学校园内，作品可以为人文风景和自然风光，并且未在其他平面媒体发表或在其他摄影比赛中获得奖项，上传作品必须原创，不得抄袭或转载他人作品；

2. 上交作品可适度修改，不得加LOGO、水印、修饰性边框；

3. 获奖参赛作品，请参赛者提供原片。逾期未能提交原片，或原片无法达到要求者，将失去参选资格；

4. 每一张照片，写明作品题目、作者姓名以及作者所在院系、班级、联系方式，每一张照片最好附有一句话的简要作品说明；

5. 作品需发原图，数据量不超过5M，像素不得低于200万；

6. 大赛仅接受数码照片（含手机拍摄），格式要求为JPEG。彩色、黑白不限，单幅、组图均可，最好以组图参赛，组图要求不超过4张；

7. 合成及拼接照片，以及其他增加或删减影像内容等影响作品真实性的照片不予参选。

（三）参与方式

扫描宣传海报上的二维码，关注公众平台即可参与。

（四）评分标准

1. 主题内涵（40分）

评分依据：

（1）主题明显，且紧扣比赛的主题，准确表达主题内容、寓意；（20—40分进入下一轮评分）

（2）主题较为明显，与比赛主题联系较紧密，能引起欣赏者一定共鸣；（10—20分候选）

（3）主题不明显，与比赛主题相差较远。（0—10分淘汰）

2. 创意构图（30分）

评分依据：

（1）构图较完美，整个作品看起来均衡、稳定、有规律，有明显的视觉美；（20—30分）

（2）构图和谐、轮廓清晰、主体突出、线条分明；（10—20分）

（3）构图杂乱、布局杂乱、主题过多，整个作品给人以混乱的感觉。（0—10分）

注：得分前20份作品进入第三轮评分。

3. 视觉效果（30分）

（1）色彩鲜艳、饱和、丰满，层次分明，有较强的感染力。对焦清晰，曝光正确，十分妥当的契合创作者所要表达的主题、内涵；（20—30分）

（2）色彩多样，较能表达作者创作意图。对焦比较清晰，曝光良好，主题相对突出。其中不乏搭配不合理之处；（10—20分）

（3）色彩单调，基本没有运用什么色彩搭配技巧。对焦效果较差，曝光不准，整个画面不能给人以视觉上的享受。（0—10分）

注：最终得分前10的作品进入公展投票环节。

（五）评选方式

1. 比赛将由Never G.O摄影协会社团管理成员初选出前10的优秀参选作品；

2. 再将优秀参赛作品在微信平台上公开展示一周，由全校学生投票选出最终的优胜作品；

3. 在比赛截止日后的一周内公布优胜作品和获奖选手并举行颁奖

仪式。

（六）奖项设置

一等奖：证书一份，欧式高档油画布挂轴画一幅（以获奖者的作品制作），共2名；

二等奖：证书一份，玻璃相框一个，明信片一套（以所有获奖作品制作），共3名；

三等奖：证书一份，明信片一套（以所有获奖作品制作），共5名；

优秀奖：证书一份，共5名。

（七）说明

主办单位拥有作品的发布权和宣传权，作者拥有参赛作品的版权。

（八）活动后工作

1. 活动结束后集体拍照留念；

2. 活动结束后，组织人员清洁会场；

3. 当晚在QQ和微信上发布快讯和获奖名单。

七、活动宣传

初期宣传：通过社团公众号和微信群发布关于活动宣传海报，进行作品征集；

结束宣传：通过社团公众号发布获奖作品名单，并及时撰写活动新闻稿和总结，在社团公众平台上推送。

八、活动总结

通过本次活动，大家可以把沈师美丽的景色拍出来，留下美好的回忆；也通过这次活动，让同学们更好地提升了自己的摄影技巧，更好地了解了我们身边美好的沈师校园，也进一步加强了同学之间的交流学习。

附 录

关于在高校实施共青团“第二课堂成绩单”制度的意见

（中青联发〔2018〕5号）

为深入学习贯彻习近平新时代中国特色社会主义思想和党的十九大精神，全面落实《关于加强和改进新形势下高校思想政治工作的意见》等有关文件要求，切实发挥好共青团服务高校立德树人根本任务和人才培养中心工作的重要作用，现就在全国高校实施共青团“第二课堂成绩单”制度提出如下意见。

一、重要意义

共青团“第二课堂成绩单”制度是充分借鉴第一课堂教学育人机理和工作体系，整体设计高校共青团工作内容、项目供给、评价机制和运行模式，实现共青团组织实施的思想政治引领、素质拓展提升、社会实践锻炼、志愿服务公益和自我管理服务等第二课堂活动的科学化、系统化、制度化、规范化，实现高校学生参与共青团第二课堂可记录、可评价、可测量、可呈现的一整套工作体系和工作制度。实施共青团“第二课堂成绩单”制度是落实习近平总书记提出的“要重视和加强第二课堂建设”的重要要求，推动高校思想政治工作改革创新，创新中国特色社会主义教育制度的积极举措；是适应高等教育综合改革，全面落实立德树人根本任务，全面实施素质教育的必然要求；是深化高校共青团改革，强化共青团育人职能，强化共青团组织建设的关键路径；是完善学生发展服务体系，促进学生素质素养提升，促进学生就业创业的迫切需要。

二、总体要求

（一）指导思想。高举习近平新时代中国特色社会主义思想伟大旗帜，深入贯彻落实党的教育方针，积极适应高等教育综合改革新发展、共青团组织深化改革新形势和大学生成长成才新特点，紧紧围绕立德树人根本任务，切实遵循人才培养规律、高等教育规律和青年成长规律，深入挖掘第二课堂育人价值，系统提升第二课堂育人实效，逐步健全完善第一课堂和第二课堂深度融合、相辅相成的人才培养模式，努力培养又红又专、德才兼备、全面发展的中国特色社会主义事业合格建设者和可靠接班人。

（二）基本原则。一是坚持融入人才培养大局。紧紧围绕高校人才培养中心工作，充分发挥共青团第二课堂协同育人作用，使共青团第二课堂成为人才培养体系的有机组成部分。二是坚持服务学生发展需求。秉持以学生发展为本的理念，面向学生成长成才实际需求，构建科学、务实、有效的共青团第二课堂育人体系。三是坚持发挥第二课堂优势。充分发挥第二课堂内容丰富、形式灵活的优势特点，依托校内、校外资源等将共青团第二课堂打造成为鼓励学生政治锤炼、知识实践、技能拓展、素质养成的载体平台。四是坚持突出基层主体地位。以高校为实施主体，鼓励结合学校工作实际，在内容设计、平台建设、工作实施等方面积极探索创新，形成富有学校特色的制度模式。

（三）实施目标。在2018年秋季学期，面向全国高校推广实施共青团“第二课堂成绩单”制度，通过有关方面共同努力，逐步将共青团“第二课堂成绩单”打造成为学校人才培养评估、学生综合素质评价、社会单位招录高校毕业生的重要依据，为提升高等教育质量，深化高校共青团改革，创新人才培养模式发挥重要作用。

三、主要内容

（一）构建课程项目体系。课程项目体系是共青团“第二课堂成绩单”制度的实施基础。要紧紧围绕思想素质养成、政治觉悟提升、文艺体育项目、志愿公益服务、创新创业创造、实践实习实训、技能特长培养等内容设计课程项目体系。聚焦人才培养目标，尊重学校历史传统，结合第一课堂教学安排，统筹设计共青团第二课堂课程项目体系，实现第二课堂与第一课堂互动互融、互补互促。要充分借鉴第一课堂教学模式，对能够课程化的项目活动进行课程化设计，制定教学大纲，配备师资力量，规范教学过程，完善考核方式。对不宜课程化的项目活动要规范供给标准，注重质量控制。要坚持开放包容、协同育人，充分吸纳团学组织、机关院系、社会机构等举办的，可以促进学生全面发展、能够科学反映学生成长状况的活动和项目。

（二）构建记录评价体系。记录评价体系是共青团“第二课堂成绩单”制度的实施牵引。记录评价体系应突出客观性、写实性、价值性、简便性，以科学的评价标准为依据，针对学生参与共青团第二课堂的表现进行科学认证，按照学期、学年等时间节点，对学生表现出的综合素质进行全面反映。根据具体情况灵活施策，可采用记录式评价，对学生参与第二课堂的过程和成果进行真实客观记录；可采用学分式评价，对课程项目设定学分或学时、积分等，对学生参与第二课堂情况实行课程化管理，以是否完成相关要求作为评价标准；可采用综合式评价，根据学生参与第二课堂活动情况，对学生综合能力进行描述性评价，形成评价报告。基于共青团组织和学生会、学生社团的组织化功能，由课程项目主办方提供、班级团支部和院系团组织记录、学校团委评价学生参与第二课堂活动情况，鼓励学生自我参与申报。

（三）构建数据信息体系。数据信息体系是共青团“第二课堂成绩单”制度的实施支撑。要依托数据信息体系开展课程项目的发布、管理、评估，实现学生参与课程项目的记录、评价、认证。高校可通过自主研发或使用其他由共青团组织、教育部门提供的数据管理系统建立数据信息平台。倡导鼓励共青团“第二课堂成绩单”制度数据信息体系与学校综合信息系统统筹联通。要建立自下而上、逐级审核、及时更新的信息采集、审核、发布机制，完善学生个人申报、班级团支部或院系团组织审查、课程项目主办方审核、学校团委评价认定等流程，实现逐级对数据信息的真实性、完整性、准确性把关，确保数据信息及时、准确、全面。

（四）构建动态管理体系。动态管理体系是共青团“第二课堂成绩单”制度的实施保障。要立足立德树人，建立标准健全、多方参与、多级评价的共青团

第二课堂质量监测评估体系，制定科学合理的质量控制标准、监测指标和评价方法，健全第三方评价机制，增强评价的专业性、独立性和客观性。要建立学期、学年结果反馈和运用机制，充分运用互联网、大数据等现代信息技术，对学生参与第二课堂情况进行分析评价，科学评估第二课堂育人成效，动态调整第二课堂课程项目体系，促进第二课堂活动完善与迭代，为学校了解学生成长状况、优化人才培养方案提供决策支持，为学生及时掌握第二课堂项目活动参与情况，促进健康成长提供动态指导。

（五）构建价值应用体系。价值应用体系是共青团“第二课堂成绩单”制度的实施关键。共青团“第二课堂成绩单”制度具有客观跟踪记录、科学评价评估、引导学生成长、服务育人大局、强化组织建设、促进学生就业等功能。要重点突出共青团“第二课堂成绩单”结果应用和价值发掘，将共青团“第二课堂成绩单”作为学生在校期间综合素质测评、评奖评优、升本推研、推优入党等的重要评价，积极推进将“第二课堂成绩单”纳入学生个人档案。要通过“第二课堂成绩单”为社会用人单位选人、用人提供具有规范性、公信力的科学参考依据，形成学生、学校、社会的有效联结。

四、工作要求

（一）加强组织领导。各省级团委和教育部门要通过成立工作组、建立联席会议制度等，统筹做好工作指导、督导检查和绩效评估。各高校要在学校党政领导下，把共青团“第二课堂成绩单”制度作为“三全育人”综合改革的一项重要内容，作为深化高校共青团改革的牵引性重大举措，统筹校内教育教学、科学研究、学生工作、组织宣传、后勤保障等多个部门，成立必要的推进实施专门机构，具体工作由学校团委负责。要加大对实施共青团“第二课堂成绩单”制度的整体规划和管理指导，结合校实际情况，尽快制定相关工作方案和配套文件。

（二）加强资源保障。各省级团委和教育部门要充分结合本地区实际，为共青团“第二课堂成绩单”制度的设计实施提供必要支持和资源保障，完善共青团“第二课堂成绩单”制度有关机制。各高校要在师资、经费、场地、后勤等方面为制度实施提供保障，把共青团第二课堂体系建设经费纳入人才培养成本，把教师指导学生参加共青团第二课堂计入工作量，鼓励专业教师和校友等社会力量参与共青团第二课堂建设。

（三）加强宣传推广。各省级团委和教育部门要争取组织、宣传部门和人力资源和社会保障等其他部门支持，向用人单位和社会广泛推介共青团“第二课堂成绩单”，为共青团“第二课堂成绩单”制度实施提供政策保障，营造浓厚舆论氛围。各高校要注重共青团“第二课堂成绩单”制度工作成果总结和分享传播，充分利用微信、微博等新媒体和大众传媒、校园媒体等多种形式，加强宣传报道和成果展示。

沈阳师范大学学生社团建设管理办法

（沈师大委〔2020〕71号）

第一章　总　则

第一条　为深入学习贯彻习近平新时代中国特色社会主义思想特别是习近平总书记关于高校思想政治工作和青年工作的重要论述，切实加强我校学生社团建设管理，充分发挥我校学生社团育人功能，积极推进我校学生社团健康有序发展，依据中共教育部党组、共青团中央《高校学生社团建设管理办法》（教党〔2020〕13号）的要求，特制定本办法。

第二条　沈阳师范大学学生社团（以下简称“学生社团”）是落实立德树人根本任务、推进素质教育的重要载体，是学生根据成长成才需要，结合自身兴趣特长，在学校党委的领导和团委的指导下开展活动的群众性学生团体。学生社团分为思想政治类、学术科技类、创新创业类、文化体育类、志愿公益类、自律互助类及其他类等。

第三条　学生社团的基本任务是：以习近平新时代中国特色社会主义思想为指导，团结凝聚广大青年学生，坚持思想性、知识性、艺术性、多样性相统一的原则，积极开展方向正确、健康向上、格调高雅、形式多样的社团活动，丰富课余生活，繁荣校园文化，传承沈师精神，引领青年学生聚焦学风建设，促进青年学生德智体美劳全面发展。

第二章 管理机制

第四条 加强党的领导。学校党委全面领导学生社团建设管理工作，把学生社团工作纳入学校思想政治工作和群团工作整体格局进行谋划部署，定期听取学生社团工作汇报，及时研究解决有关问题。明确由学校分管学生工作的负责同志分管学生社团工作，分管人事、教学的负责同志参与学生社团指导教师选聘考核、社团骨干学习指导等管理工作。构建学校党委统一领导，党委学生工作部、党委研究生工作部统筹负责，党委组织部、党委宣传部、党委统战部、校团委、教务处、人事处、国际交流合作处、校园安全与管理处等部门共同参与的学生社团工作机制，组建沈阳师范大学学生社团建设管理评议委员会，负责对学生社团建设发展、统筹管理进行谋划部署，确保学生社团健康有序发展。学生社团建设管理评议委员会办公室设在校团委，办公室主任由校团委负责人兼任。

第五条 推进党的领导具体化。党委学生工作部、党委研究生工作部要切实承担起学生社团建设发展、统筹管理的相关职责，对全校学生社团建设发展进行研究规划，制度性研究学生社团注册登记及年审、骨干遴选及考核等重要工作和重大事项，推进党的领导具体化。

第六条 明确团委职责。校团委要加强对全校学生社团的具体指导，成立学生社团管理部门，配备专职工作人员，做好学生社团建设管理评议委员会日常工作和学生社团注册登记、骨干遴选、导师选聘、组织建设、活动管理等具体工作。

第七条 明确业务指导单位职责。学生社团根据社团业务相关，确定其业务指导单位。业务指导单位原则上分为机关职能部门、各学生培养单位、校内学术科研机构等三个类别。业务指导单位承担学生社团健康发展的主体责任，担负对所负责学生社团的思想政治引领、意识形态研判、日常活动的监督指导和社团成员的教育管理职责，负责指导教师工作情况评价认定等。业务指导单位须明确分管学生工作的班子成员分管学生社团工作，分管教学工作的班子成员参与学生社团指导教师选聘考核、社团骨干学习指导等管理工作。业务指导单位团组织要在所在单位党组织的领导下，对学生社团进行具体指导。学生社团与业务指导单位关系的建立与解除，均需双方达成共识后，报学生社团建设管理评议委员会审批。

第三章 注册登记

第八条 规范申请程序。群众性学生团体（含团队运营的网络新媒体平台）须按规定进行注册登记。申请成立学生社团时，应按照规定时间及类别向校团委提出申请，经学生社团建设管理评议委员会审核同意，提交学校党委常委会核准后方可执行。

第九条 申请成立学生社团，须具备以下条件：

（一）有20名以上本校在读学生联合发起，所有发起人均须具有正式学籍，未受过校纪校规处分，具有开展该社团活动所必备的基本素质；

（二）有规范的名称和相应的组织机构，名称应与其业务性质相符，准确反映其特征，应符合法律法规要求及学校规章制度，不得违背校园文明风尚和社会公共道德；

（三）有明确的、唯一的业务指导单位；

（四）有至少1名指导教师；

（五）有规范的社团章程，包括社团类别、宗旨、成员资格、权利和义务、组织管理制度、财务制度、负责人产生程序、章程修改程序、社团终止及其他应由章程规定的相关事项。

第十条 学生社团有下列情形之一的，不予批准成立。

（一）申请成立时弄虚作假的；

（二）在学校范围内已有性质相同或相似学生社团的；

（三）涉及宗教文化的；

（四）涉及民族排他性或地区排他性的；

（五）跨地跨校联合成立的；

（六）未经学校审核批准的校外机构会员单位或分支机构性质的学生组织；

（七）其他不宜批准成立的。

第十一条 申请成立学生社团，发起人要成立筹备组专门负责筹建事宜，发起人须向学生社团建设管理评议委员会办公室递交下列材料：

（一）学生社团成立筹备申请书；

（二）发起人和拟任负责人基本情况（包括思想表现、学习成绩等）；

（三）指导教师和业务指导单位确认书；

（四）社团章程草案；

（五）学生社团建设管理评议委员会办公室要求提交的其他相关材料。

第十二条 核准成立的学生社团，由学校颁发《沈阳师范大学学生社团注册证书》。《沈阳师范大学学生社团注册证书》由学生社团负责人妥善保管，不得涂改、转让、出借，不得超出所在学生社团权利的行使范围，如有遗失或内容更改，须及时向校团委声明。学生社团在征得校团委同意后，可设计社团标志，以便开展工作。学生社团不得刻制任何形式办公图章。

第十三条 实行年审制度。学生社团年审一年一次，分为合格、不合格两个评定等级。对年审合格的学生社团进行注册登记，并根据建设等级实行星级管理，只有进行注册登记的学生社团方可继续开展活动。对年审不合格的学生社团提出整改意见，整改期限一般3至6个月，整改期间社团不得开展除整改以外的其他活动。整改后经审查合格，方可正常开展活动。年审内容包括：

（一）学生社团成员构成；

（二）学生社团负责人工作及学习情况；

（三）学生社团年度活动清单；

（四）学生社团财务状况；

（五）学生社团有无违纪违规情况；

（六）学生社团发展规划；

（七）学生社团指导教师工作情况；

（八）学生社团业务指导单位意见；

（九）其他需要的年审内容。

第十四条 学生社团有下列情形之一的，不予继续注册登记，须进行注销。

（一）不满足成立条件或存在不予批准成立情形的；

（二）年审不合格且整改无效的；

（三）连续两年或累计三次责令整改的；

（四）全体成员大会决议解散的；

（五）已完成学生社团章程规定的使命宗旨的；

（六）分立、合并的；

（七）学生社团被责令解散或注销的；

（八）其他不宜继续注册登记的。

第十五条 未经批准成立或已经注销的学生社团不得开展任何活动。已批准成立的学生社团中的成员，未经学生社团集体研究授权，不得以社团名义开展活动。留学生成立学生社团由国际交流合作处统筹负责。

第十六条 企业、社会机构或个人原则上不得在学校建立特定冠名的学生俱乐部、协会等社团。对于与企业、社会机构或个人联系紧密的创新创业类社团，确有冠名需要的，须报学校党委常委会批准。原则上学生社团不应涉及外事事务，确有需要的，须报学校党委常委会批准。

第四章 指导教师

第十七条 学生社团指导教师的主要职责是：指导学生社团发展建设，把握社团发展正确方向，加强社团成员思想政治教育，规范学生社团日常管理，参加学生社团相关活动，开展学生社团骨干培训，定期对所指导社团工作进行总结，加强社团意识形态研判，及时发现掌握、指导整改社团存在的突出问题，并分别向业务指导单位、学生社团建设管理评议委员会办公室报告等。

第十八条 学生社团指导教师应为本校在职在岗教职工，具备较强的思想政治素质、组织管理能力和与社团发展相关的专业知识，工作经验丰富，热心公益事务，具有奉献精神，关爱学生成长。

第十九条 配强学生社团指导教师，建立学生社团指导教师选聘机制，按照个人申请、组织推荐、双向选择的原则建立指导教师库，并在教师库内选聘指导教师。思想政治类社团和志愿公益类社团指导教师须为中共党员。鼓励思政课教师担任思想政治类社团的指导教师。指导教师实行聘任制，每个聘期为1年。原则上每个学生社团最多2名指导教师，每名指导教师最多指导2个学生社团。

第二十条 加强对学生社团指导教师评价考核与激励。将指导教师纳入高校思想政治工作队伍培训计划，加大培训力度。指导教师工作量纳入专业技术人员教学业绩考核指标，并将指导学生社团情况纳入教师思想政治工作和师德师风表现中。对考核优秀的指导教师在绩效工资、职称评聘、评奖评优中给予政策支持，对考核不合格的指导教师要依规解除聘任。

第五章　组织建设

第二十一条　充分保障学生社团成员权利。所有学生社团成员应当是具有我校正式学籍的在读学生。留学生参加学生社团须在国际交流合作处登记备案。社团成员有权了解所在社团的章程、组织机构和财务制度，有权对社团的管理和活动提出建议和质询，有权按照章程申请加入或退出该社团，有权向上级管理部门反映社团及其成员出现的违反法律法规或校纪校规等问题。社团成员应当定期注册，并按要求参加社团相关活动，每名学生最多加入2个学生社团。

第二十二条　完善学生社团全体成员大会制度。拟批准成立的学生社团要召开全体成员大会或成员代表大会，通过社团章程，选举产生社团执行机构和负责人候选人。已注册的学生社团要定期召开全体成员大会或成员代表大会，依照社团章程行使职权，包括选举和更换社团负责人候选人，审议社团工作报告，对社团变更、解散等事项作出决定，修改社团章程，监督社团财务及活动开展情况等。

第二十三条　加强学生社团政治引领。学生社团注册会员中党员（团员）人数达三人以上且具备条件的，应当建立临时党支部或团支部，承担政治理论学习、研究社团重要事项等职责。学生社团临时党支部（团支部）在业务指导单位党组织（团组织）指导下开展工作，临时党支部（团支部）书记由业务指导单位党组织（团组织）指定。学生社团临时党支部（团支部）一般不发展党员（团员），不收缴党费（团费），不选举党代表（团代表）等。学生社团注销后，临时党支部或团支部自然撤销。

第二十四条　健全学生社团骨干遴选机制。学生社团负责人候选人须政治立场鲜明、学习成绩优秀、组织能力突出。学习成绩综合排名须在班级前50%以内。学生社团负责人通过提名推荐、公开选举、考察公示、审核批准等环节遴选产生。指导教师、业务指导单位负责提名推荐，学生社团全体成员大会或成员代表大会选举产生负责人候选人，党委学生工作部、党委研究生工作部、校团委等相关部门组织深度考察并负责公示审批。思想政治类社团和志愿公益类社团的主要负责人应为中共党员。各部门负责人由学生社团在指导教师的指导下遴选产生，名单报校团委备案。

第六章 活动管理

第二十五条 鼓励学生社团依据法律法规、校纪校规、社团章程开展社团活动，鼓励学生社团持续打造活动精品。学生社团举办活动应围绕学校事业发展和人才培养目标，积极创新载体形式，充分利用新媒体技术，不断增强社团活动的吸引力和感染力。

第二十六条 学生社团及其成员不得开展以下活动：

（一）不得开展与其宗旨不符的活动；

（二）不得开展纯商业性活动；

（三）不能参与违法违纪活动；

（四）不得散布违背宪法、法律、法规和党的路线方针政策的错误观点和言论；

（五）未经批准，学生社团不得自行与校外任何单位、组织或个人签订任何形式的合约或协议；

（六）未经批准，不得接受校外任何单位、组织或个人经费资助；

（七）不得私自开展校团委未审批、指导教师和业务指导单位未同意的活动；

（八）原则上不举办或参与跨校跨地区活动。

第二十七条 严格审核审批学生社团活动。学生社团举办的常规活动须经学生社团集体决策，指导教师、业务指导单位审核同意，校团委审批后方可开展。学生社团要在活动开始前15日向相关审核审批部门提交材料，审核审批部门要在活动开始前7日告知学生社团审核审批结果。学生社团举办的特殊活动需要履行以下审核审批程序：

（一）举办大型群体性活动或确须举办跨校跨地区活动，须持指导教师和业务指导单位的书面意见分别到校团委、校园安全与管理处报备，经学生社团建设管理评议委员会审核同意后，报学校上级团组织，取得批准后方可举办；

（二）学生社团邀请校外人士出席活动并做报告或交流发言，须提供校外人员相关资料，持指导教师和业务指导单位的书面意见到校团委备案，按照《沈阳师范大学关于进一步加强哲学社会科学课堂教学报告会研讨会讲座论坛网络和接受境外基金资助等管理的实施意见（修订）》（沈师大委发〔2018〕134号）要求，经相关部门审核同意，学生社团建设管理评议委员会审批通过后方可进行；

（三）学生社团以社团名义到校外参加活动，须持指导教师和业务指导单位的书面意见到校团委、教务处、学生处、研究生处、校园安全与管理处审核，经学生社团建设管理评议委员会审批后方可开展。原则上社团指导教师必须带队。

第二十八条 学生社团在举办大型活动或举办特殊活动之前，须制定活动应急预案，提交业务指导单位、校团委备案，确保对突发事件处置得当。学生社团举办体育竞赛类、对抗性或有意外伤害风险的活动，业务指导单位要在活动前确保参与活动学生持有个人意外伤害保险，指导教师须在活动开始前进行意外伤害防范教育并全程随队，持续跟进活动开展情况。

第二十九条 完善学生社团宣传监管机制。学生社团开展线上线下宣传，发布活动信息，须经指导教师审核审批。学生社团建立网站、新媒体平台及印发刊物等须报指导教师、业务指导单位审核，校团委审批。指导教师、业务指导单位要加强对学生社团宣传工作的引导和管理，加强对社团网站、新媒体平台、印发刊物的指导和监督，注重培养社团成员的网络文明意识，践行社会主义核心价值观，传播向上向善正能量，确保发布内容积极健康。

第三十条 校团委要会同相关职能部门加强学生社团开展活动的规范管理和分类指导。发现违反法律法规或校纪校规的活动，要坚决及时制止。学校后勤部门要为学生社团活动提供场地、器材、设备等资源条件的支持和保障，学校安全保卫部门要为学生社团活动提供安全保障。

第七章 经费管理

第三十一条 学校党委根据实际情况，向校团委划拨学生社团活动专项经费，支持学生社团活动正常开展，并保证专款专用。

第三十二条 任何学生社团及其成员未经批准，不得擅自以学校或学生社团名义在社会上拉动或接受经费资助。学生社团原则上不收取成员会费。

第三十三条　学生社团经费必须用于社团集体活动，任何单位和个人严禁挪用，学生社团应每学期向全体成员公布经费使用情况。

第三十四条　学生社团须由专人管理社团内部的日常经费开支，并将财务负责人的相关信息分别告知业务指导单位及校团委。财务负责人负责财务的记录、统计与核对，定期向业务指导单位和校团委汇报，定期向社团会员公示。

第三十五条　学生社团因开展活动需要、使用社团经费购置的各类设备，学生社团均应登记造册，妥善保管，不得私自挪用。其中，符合固定资产标准的，由学生社团业务指导单位对固定资产进行登记入账，并报校团委备案，严格按学校固定资产管理相关规定进行管理。

第三十六条　学生社团账目需每学期审查一次，审查内容包括账目明细表、票据复印件等。学生社团账目定期审查工作由指导教师和业务指导单位负责。

第三十七条　学生社团解散或注销后的剩余经费及资产，按照学校有关规定执行。

第八章　奖惩制度

第三十八条　学生社团奖惩工作在学校党委领导下，党委学生工作部、党委研究生工作部统筹负责，校团委负责具体实施。

第三十九条　完善激励机制。根据学生社团年审评议意见，对建设管理优秀的学生社团给予评优表彰和经费扶持。制定学生组织督查制度，全面客观、科学有效地评价考核学生社团骨干，并按照《沈阳师范大学“第二课堂成绩单”制度》要求，给予相应的积分认定。建立以服务和贡献为导向的荣誉激励机制，引导学生社团骨干全心全意为社团发展服务，为社团成员成长助力，在社团工作的实践中受教育、长才干、作贡献。

第四十条　学生社团有以下情形者，视情节轻重分别予以警告、严重警告、强制注销等处理：

（一）举办违反法律法规、校纪校规或社团章程宗旨活动的；

（二）散布违背宪法、法律、法规和党的路线方针政策的错误观点和言论；

（三）开展以营利为目的的纯商业活动的；

（四）未经批准，自行与校外单位、组织或个人签订合约或协议的；

（五）未经批准，接受校外单位、组织或个人经费资助的；

（六）未经批准，举办或参与跨校跨地区活动的；

（七）私自开展校团委未审批、指导教师和业务指导单位未同意的活动的；

（八）擅自变更活动内容，造成严重后果或不良影响的；

（九）活动中出现重大安全事故或存在重大安全隐患的；

（十）恶性竞争，故意中伤、诋毁其他学生社团并造成重大不良影响的；

（十一）存在严重财务问题或违规收取社团成员费用的；

（十二）私刻社团公章的；

（十三）其他违规情况。

第四十一条 学生社团处理程序：

（一）学生社团有本办法第四十条规定所列情形的，指导教师和业务指导单位提出书面拟处理意见，报送至校团委，校团委进行情况核实并作出预处理决定。预处理决定做出后3个工作日内送达相应学生社团负责人；

（二）对学生社团预处理决定有异议的，须在签收后3个工作日内，向学生社团建设管理评议委员会办公室提交申诉意见书并附证明材料，逾期视为接受处理；

（三）学生社团建设管理评议委员会办公室须在收到申诉意见书后7个工作日内，组织召开学生社团建设管理评议委员会专题会议，就申诉材料进行严格审核并做出撤销处理或驳回申诉的决定，发布《沈阳师范大学学生社团处理决定》并进行公示；

（四）学生社团处理结果将进行网络公告，并载入学生社团建设管理档案；

（五）强制注销的学生社团，从处理决定下发之日起，不得举办任何形式的学生社团活动，须配合指导教师和业务指导单位完成财务、资产清算工作，并将《沈阳师范大学学生社团注册证书》上交校团委，配合校团委做好注销登记。

第四十二条 从严管理学生社团负责人。学生社团负责人是社团管理和社团活动的第一负责人。学生社团负责人任职后，不得兼任其他社团的职务，不得中途离职，因违纪撤销、免职和特殊情况者除外。学生社团负责人在任职期间，所管理社团受到违纪处理或个人出现违规违纪行为，指导教师、业务指导单位经核实，确实存在管理不善或行为不当情况的，须提交书面意见至校团委，由校团委视情节轻重，分别予以口头警告、通报批评、撤销职务等处理。如情节严重，提交学校学生管理部门做出相应违纪处分。被撤销社团职务的、对社团被宣布解散或注销承担主要责任的学生，不得再担任其他社团负责人。学生社团负责人被撤职或因故离职后，学生社团在指导教师和业务指导单位的指导下，召开全体成员大会或成员代表大会，更换社团负责人候选人，按照规定程序，产生新一届学生社团负责人。

第四十三条 建立倒查问责机制。对学生社团管理出现重大问题的相关部门、业务指导单位及指导教师，要按照全面从严治党要求依规依纪进行严肃追责问责。

第九章 附 则

第四十四条 本办法适用于全校注册登记的学生社团。未注册登记社团不可以学生社团名义开展活动，违者追究其活动召集人及相关人员责任。

第四十五条 本办法由校团委负责解释，自发布之日起施行。其他有关学生社团管理的规定与本办法不一致的，按照本办法执行。

参考文献

（一）著作类

[1] 辞海委员会辞海［M］.上海:上海辞海出版社，1989.

[2] 郭思乐.教育走向生本［M］.北京:人民教育出版社，2001.

[3] 古俊贤.中国社团发展史［M］.北京:当代中国出版社，2001.

[4]（美）厉威廉.美国近年来的大学学生课外活动之发展［M］.王万民译，北京:宇航文化事业公司，2001.

[5] 赵立香.高校学生社团建设与管理［M］.兰州:甘肃人民出版社，2007.

[6] 安世遨.对话管理——大学生管理新范式［M］.重庆:重庆大学出版社，2010.

[7] 伍德勤.大学生社团活动的理论与实践［M］.合肥:合肥工业大学出版社，2011.

[8] 韩凤娟.大学生自组织管理［M］.北京:中国农业出版社，2012.

[9] 谭维智，赵瑞情.学生社团生活:一种学习的新视野［M］.济南:山东教育出版社，2012.

[10] 杜威.民主与教育［M］.南京:译林出版社，2012.

[11] 龙希利.大学生社团管理机制创新与实践探索［M］.济南:山东人民出版社，2014.

[12] 黄达人.大学的根本［M］.北京:商务印书馆，2015.

[13] 梁英，陈恕平.做生根的教育——大学校园文化创新项目培育探索［M］.北京:光明日报出版社，2015.

[14] 马可心.大学生社团建设理论与实践研究［M］.北京:经济管理出版

社，2018.
[15] 袁光亮.新媒体时代的青年社会化［M］.北京:北京理工大学出版社，2019.
[16] 景浩荣.大学生社团生活研究［M］.北京:中国社会科学出版社，2019.

（二）学位论文类

[1] 杨宝忠.高校社团建设的理性思考［D］.东北师范大学，2004.
[2] 欧阳大文.中美高校学生社团的比较研究［D］.湖南师范大学，2007.
[3] 皮莉.高校学生社团管理上的问题及对策研究［D］.湖南大学，2010.
[4] 葛元涛.高校学生社团存在的问题及对策研究［D］.郑州大学，2011.
[5] 常青.高校学生社团问题研究［D］.东北师范大学，2012.
[6] 吴丹.大学生社团活动问题研究［D］.沈阳师范大学，2012.
[7] 许海鸥.高校学生社团建设研究［D］.湖南大学，2013.
[8] 李攀攀.社会主义核心价值体系视野下高校学生社团文化建设研究［D］.河南理工大学，2013.
[9] 罗树云.美国高校学生社团发展研究［D］.西南大学，2016.
[10] 陆凯.高校学生社团文化建设研究［D］.大连理工大学，2019.
[11] 倪佳.美国高校学生社团管理研究［D］.河南大学，2019.
[12] 张婷.新时代学生社团育人功能及实现路径研究［D］.太原理工大学，2019.
[13] 张婉笛，高校学生社团建设研究［D］.东北林业大学，2021.

（三）学术期刊类

[1] 张家勇.美国大学的学生社团活动［J］.比较教育研究，2004（04）.
[2] 何旭娟，大学生思想政治教育进社团工作的思考［J］.思想政治教育研究，2005（06）.
[3] 杨连生，胡继冬.美国高校学生社团发展的历史考察及评述［J］.文化学刊，2011（06）.
[4] 曹娟.高校大学生社团课程化建设问题与思考［J］.中国教育学刊，2013（10）.
[5] 王逸鸣，张天然，陈晓威.中美高校学生社团对比研究——以北京大学

和哈佛大学为例［J］.思想教育研究，2014（04）.

［6］糜泽敏.新常态下地方高校学生社团建设研究［J］.教育理论与实践，2016（06）.

［7］李朝阳.高校学生社团现状研究［J］.高等教育研究，2018（02）.

［8］孟祥宾，魏泽.新时代高校主流意识形态现状与建设路径——以大学生社团发展为视角［J］.滁州学院学报，2019（06）.

［9］李一鸣.高校学生社团育人路径研究［J］.南昌教育学院学报，2019，（03）.

［10］吴杰.学生社团在校园文化传承创新中的作用机制研究［J］.成人教育，2019（05）.

［11］焦佳.高校学生社团建设的现状审视与对策研究［J］.思想理论教育，2020（05）.

［12］张希超.浅谈高校学生社团对大学生成长成才的时代价值［J］.黑龙江教育（高教研究与评估），2021（06）.